費城饗宴

Philadelphia Feast: Place, People and Culture

美國最古老的都市巡禮

Yu-Shou Su

文・攝影／蘇玉守

目 錄

6 費城的交通 *152*

《費城饗宴》：費城留學、深度旅遊不可或缺的聖經

很高興能在《費城饗宴》付梓之前搶先拜讀這本玉守的大作！我曾在賓夕法尼亞大學攻讀法律（2001～2005 年），也在費城這座古老的城市漫遊了四年；留學期間子女先後在費城出生、領洗，對我們全家來說，費城有如臺北之外的第二故鄉。玉守和我是賓大的校友，同樣曾舉家在費城居住數年，書中介紹景點時常提到他自身留學的經驗，讓我們全家讀得津津有味，彷彿身歷其境、重回留學時光，各種酸甜苦辣滋味紛紛湧上心頭。

玉守從都市規劃與設計的專業切入，解釋費城的發展，讓我收獲不少！記得剛到費城時，它還是個略顯殘破的城市，市中心的主要街道——市場街（Market Street）周邊，可看到工廠遷出之後的殘破廠房，到了夜間更是景色蕭條、行人稀少，讓人打從心底感到不安。不過，在那之後的三、四年時間，費城就走出蕭瑟陰影，蛻變成為繁榮、安全的宜居城市；市區東邊以獨立廳國家歷史公園為核心的歷史舊城區，也在聯邦和地方政府通力合作下，成為適合旅遊、闔家漫步的觀光區域。

在玉守描繪的建築中，我印象最深刻的是費城市政廳，剛落成時為世界第一高樓，鐘樓上矗立著費城之父威廉潘的雕像，為了表示尊崇，當時費城任何建築均不得高過威廉潘的頭部。這樣的「君子協定」並不利於城市發展，於是在 1984 年被「力求向上」的開發商突破，費城的天際線有了直衝雲霄的摩天高樓；但是從此以後，費城各個職業球隊就再也沒贏過全國冠軍。這個「威廉潘魔咒」（Curse of William Penn）直到 2008 年才被打破，並不是潘先生老人家不夠力，而是後來的費城第一高樓 Comcast Center，特別在屋頂設置了一個複刻版的威廉潘雕像，潘先生重新笑傲費城，費城的職棒球隊——費城人就立馬笑傲世界大賽啦！這樣有戲的歷史建築，書中當然沒有錯過，讀者有機會造訪費城，一定要上鐘樓俯瞰市區、笑傲費城一番。

本書在歷史、建築、都市規劃之外，還有著旅人不可不知的重要資訊——美食！除了南 9 街義大利市場的特色美食，費城還有著中東、非洲、印度、回教等各式不同國家、種族的料理，讀者若到費城旅遊，除了 Philly Cheesesteak 之外，一定要帶著這本書按圖索驥、大快朵頤呀！

葉慶元 律師
泰鼎法律事務所合夥人

費城：美國民主的發源地，一個令人嚮往的知性古都

　　基於費城對人類發展所產生的深遠影響，世界遺產城市組織（OWHC）將其選為「世界遺產都市」，與法國的巴黎、以色列的耶路撒冷、埃及的開羅、義大利的佛羅倫斯等，同樣對人類發展具有深遠意義的古都，共同列入正式的歷史紀錄。

　　費城這個美國最古老的都市，1776 年由喬治華盛頓在此宣布美國獨立，它代表「民主」與「自由」的普世價值，早期作為「政治首都」所建立的城市架構，至今保持完整，其間的都市發展過程，也謹守著當初的都市規劃原則，使它的城市特色及魅力與時俱進，十足反映著一個成功的都市計劃與實質發展契合的典範。對於一個歷史悠久且風貌日新月異的城市來說，一定是在規劃之初就擁有可容納後世發展的彈性架構，使得每一個世代皆可以當時的生活方式，回填到原有的城市架構中；其中一定有延續與斷裂、修護與重生，就在這些掙扎與變動中，這個城市的居民擁有了解決這些問題的共識與回憶，進而產生了屬於自己的地域特色，這整個發展過程，我們稱之為成功的都市發展進程。費城就是一個經過這些歷程，而至今仍持續保有特色的城市，一個得來不易的典範，也是一個仍在進行式中的世界遺產都市，與我們此刻身處的臺灣現況相較，實在值得我們借鏡與深思。

　　本書作者蘇玉守先生在不惑之年圓夢留學，以一位經過社會洗禮多年、成熟卻不世故、懂得珍惜歷史及社會資源的都市計劃專業者來說，有別於大學剛畢業就出國留學的年輕人，在經過社會歷練的琢磨後，理解天底下沒有任何事是理所當然的，在觀察社會的敏銳度及聯動邏輯的思考力道上都較年輕學子強勁得多，凡事反求諸己是我閱讀本書時對於作者常有的感受。玉守在中壯時期因留學而轉換生活環境，原來已建立的價值觀在經過文化震撼（Cultural Shock）後，所引發的思考肯定會有強烈衝擊，因比較、領悟而產生深刻體認，就是這種體認帶給這本書獨有的特色，不同於其他介紹城市文化的書籍。玉守在這樣的心態及高度求知慾下，在費城浸潤了三年多，將自我心得與大家分享，相信這本書中有關費城這個城市的種種，透過作者的細心觀察，及他個人特有且深入淺出的敘事能力，一定對讀者們在認識費城上有相當助益，尤其是對美國的民主發展有興趣的旅人，這是一本要前往費城深度旅遊時難得的參考指南。

　　敝人對於作者蘇玉守先生的社會使命感有著深刻的印象，他熱心公益，尊重並珍惜歷史資源，兼具圓夢的浪漫情懷與自我管理的紀律和執行力，希望讀者們在閱讀此書的過程中，在認識費城與留學生活的同時，能與我一樣享受作者對於生命的熱忱，永不間斷對未來的期許。

蘇喻哲　建築師

大硯建築師事務所創意總監

體驗費城生活，Live like never before!

讓我用一句話來形容玉守兄的費城留學生涯，那會是 "Live like never before!"

我是在賓州大學留學期間（2011～2013年）認識玉守兄一家人，當時，他帶著太太、孩子一起來念博士學位，而我對他的第一印象是一個愛家的好爸爸。剛開始他常常把留學經歷當成趣談跟我們分享，偶爾會帶著一點自嘲，說自己上課時「鴨子聽雷」，不知道能不能念到畢業。雖然他嘴上這麼說，實際上他付出了 200% 的努力，最後在短時間內拿到了學位，令人望塵莫及！除了課業上的努力，他也認真的體驗每一點一滴的留學生活，任何機會都不放棄，費城的各個角落都有他的足跡，大小活動他也總不缺席。他似乎有用不完的精力，假日總是帶著孩子到處探險，不但自己發現，也帶著全家人一起參與；無論是騎腳踏車、運動、還是認識新朋友，他絕不虛度時光，十足是兒子的好榜樣！

玉守兄常常謙虛的說自己是大齡的留學生，什麼都跟不上，但實際上，因為他的熱誠、努力，同學和教授們總是對他讚譽有加。我從他身上看到了留學的真正精神是身體力行與實踐；語言不過是一個工具，即使留學生英語說得不如土生土長的美國人來得流利，但是待人接物的真誠、對知識的渴望，只要接近他就能夠感受到他散發出來的能量。2015 年回到臺灣後，玉守兄沒有把留學國外的記憶就此封存，

反而一點一滴的寫成了一本書，更是讓我佩服他的行動力。第一本書《跟著我唸常春藤名校》出版後，他依然沒有就此停下腳步，很快地第二本著作《費城饗宴》又出爐了。這回，他更加詳細介紹了費城各地的旅遊景點，我才發現，在費城留學兩年的我，有些地方竟然還不知道呢！如果想要來一趟深度的費城之旅，這本書一定不能錯過！

洪維欣 醫師

美國賓州大學齒顎矯正專科醫師

異地生活的美麗與哀愁

我跟作者有緣在賓大的日子重疊了兩年，雖屬不同學院，但時常在校園裡遇到彼此，並交流生活各種點滴。最近有幸仔細讀了玉守的新書《費城饗宴》，覺得許多當時的回憶湧上心頭，很多畫面也在腦海中重新鮮明了起來。

的確，費城是個相當具有人文及歷史的城市，從玉守挑選的景點便可看出一二。也許隨著時光變遷或個人喜好不同，每位造訪者對於這座城市的視角會有所變化，但書中一開始提到的知名景點，例如：獨立廳、費城美術館、賓夕法尼亞大學，都是費城最著名的指標建築，也是造就這城市獨特文化的底蘊，任憑物換星移都不會改變其重要性。另外，書中大半篇幅裡詳盡的生活描述，從租屋、開車、到看醫生等，相信不止是我，所有曾經在異地當過留學生的朋友都會有一定的共鳴，因為那些瑣碎的點點滴滴，正是海外遊子們專屬的難忘回憶。

因此，這本《費城饗宴》與其說是旅遊指南或是城市景點集錦，倒不如說它更像是作者在這座古城中幾年生活的累積分享，讓讀者在對費城各個迷人之處稍稍一探究竟之餘，也透過作者忠實的心情紀錄，更了解異地生活的所有美麗與哀愁。

侯易婷

〈餐桌有酒〉品牌創辦人

去過、走過、待過，費城將永遠跟隨著你

費城是美國獨立建國的誕生地，曾為美國首都，更被聯合國教科文組織列為美國唯一的世界遺產都市；但是身為美國東岸第二大城，費城對於許多人而言仍然陌生，若非我有幸到費城留學，也可能一輩子未曾造訪過這座城市。

我在 2012 年出國前想買本介紹費城的書籍，但走遍各書店，遍尋不著相關書籍；事隔多年至今，仍付之闕如，引發我寫《費城饗宴》一書的想法。另外，我曾聽過一些朋友走訪世界各都市，但就是沒有去過費城，不知道為何要去費城？去費城要看什麼景點？也有朋友認為費城是個老舊衰退的都市、社會治安的死角，不太值得去走訪，於是大老遠抵達美國東岸，去過紐約、走過波士頓、逛過華盛頓特區，卻獨獨跳過費城，這實在是人生一大遺憾啊！

費城是世界遺產都市，全城宛如一座活生生的歷史教室；費城也是自由、文化、美學、新創之都，美國影星湯姆漢克在 1993 年主演的同性戀議題電影〈費城〉（Philadelphia），讓他獲得首座奧斯卡最佳男主角獎座，劇中主角說過：「繼續活下去吧！我即是生命，天堂在你眼中」（Live still, I am life. Heaven is in your eyes.），頓時，費城、天堂迴盪在我心中。

費城更是運動迷的天堂，第 52 屆超級盃（Super Bowl LII）由費城老鷹隊贏得總冠軍，全城為之瘋狂，通宵狂歡慶祝；若您是美國職業運動迷，肯定要走一趟費城，實地體驗全城狂熱的運動風氣。除了美式足球之外，費城在其它職業運動都擁有自己的球隊，且以此自豪，包括 MLB 的費城人隊、NBA 的費城 76 人隊、NHL 的費城飛人隊等，費城南方更規劃完整的體育綜合園區，可到此一飽職業運動賽事的眼福。

回想當我初抵費城，得知美國影星席維斯史特龍於 1976 年主演的拳擊手電影〈洛基〉在費城取景、拍攝，之後的 40 年間，洛基系列電影已上映到第七集〈金牌拳手〉（Creed）；當我在臺灣看著電影結束前的最後一幕，年邁的席維斯史特龍站在費城美術館的臺階上、俯望著費城全景，對著年輕的金牌拳手說：「好棒的風景啊！如果你認真地看，可以從這看透你的整個人生」（Nice view. You know if you look hard enough you can see your whole life from up here.），我哭了，看著這一幕費城全景，我哭著想念我在費城的人生。

我相信，只要你去過、走過、待過費城，它將永遠跟隨著你，成為你的流動饗宴。海明威在《流動的饗宴》（A Moveable Feast）一書中寫著：「如果你夠幸運，在年輕時待過巴黎，那麼它將永遠跟隨著你，因為巴黎是一席流動的饗宴」（If you are lucky enough to have lived in Paris as a young man, then wherever you go for the rest of your life it stays with you, for

Paris is a moveable feast.），相較於海明威的巴黎，費城是我的饗宴。加拿大創作型搖滾歌手尼爾楊（Neil Young）曾寫過一首〈費城〉（Philadelphia），歌詞唱著：「兄弟友愛之城，是我的家，別對我冷漠，我不要寂寞，愛就是永恆」（City of brotherly love. Place I call home. Don't turn your back on me. I don't want to be alone. Love lasts forever.），費城這座標榜著友愛之城，何等榮耀啊！

另一位美國搖滾名人堂鬼才布魯斯史賓斯汀（Bruce Springsteen）所創作的〈費城街道〉（Street of Philadelphia），以藍領搖滾唱出真實的街頭人生百態，也在 1994 年勇奪奧斯卡最佳原創歌曲獎；歌詞唱著：「我走在大道上，直到雙腳僵硬如石，我聽到朋友們的聲音遠離消逝，在夜裡，我可以聽到體內的血液猶如黑雨般低聲耳語，就在費城的街道上」（I walked the avenue till my legs felt like stone. I heard the voices of friends vanished and gone. At night I could hear the blood in my veins. It was just as black and whispering as the rain. On the streets of philadelphia），回想我在費城的歲月，也經常走到雙腳僵硬如石，尤其是在每年 11 月到隔年 3 月的寒冬雪日，走在費城街道與自己對話的感受更為強烈。在費城，我格外享受春夏的陽光，時常走在戶外讓陽光直接曬入皮膚、留下烙印，留下我去過、走過、待過費城的印記。

我在 2016 年出版《跟著我唸常春藤名校》一書，記錄自己在賓夕法尼亞大學校園進修的師生應對情景；這本《費城饗宴》則是過去幾年留學期間的生活札記，回想我在費城生活所走過的每個角落，發掘都市規劃、空間設計、建物精神、場所本質，進行一場都市與人文的深度巡禮。也藉由自己所走過的酸甜苦辣足跡，介紹這個美國最古老的都市，讓有志去費城旅遊、留學、工作、生活的讀者，以及空間規劃、景觀設計、建築系所的師生或從業者，瞭解這座世界遺產都市所孕育的豐富人文歷史空間，深度體驗其文化精髓與場所精神。

走訪費城，值得看的人事物實在不勝枚舉；一睹費城風華，能讓旅人得到身心靈的放鬆與滿足。另外，費城的物價、房價、旅費開銷等，比起其他都市而言十分物超所值，期許本書可作為參考工具，讓每位計畫前往費城的朋友都能夠滿載而歸。最後，感謝四位曾經去過、走過、待過費城的 UPenn 校友：葉慶元律師（賓大法學博士）、蘇喻哲建築師（賓大建築）、洪維欣醫師（賓大牙醫）、創業家侯易婷（賓大華頓商學院），謝謝您們的推薦序為本書增添風采，並感謝華成圖書的工作團隊，謝謝編輯明娟，讓本書順利出版。

蘇玉守

1 美國獨立誕生地

獨立廳：美國〈獨立宣言〉簽署之地

世界遺產都市

美國獨立建國的誕生地，開國元勳於1776年在此簽署〈獨立宣言〉（Declaration of Independence），費城（Philadelphia）成為美國首都（1776～1783；1790～1800）。

費城是美國最古老的都市，全市最著名的歷史景點包括：獨立廳（Independence Hall）、自由鐘中心（Liberty Bell Center）等，全區的歷史建築、廣場與公園，在1950年代納入國家公園體系，名為「獨立廳國家歷史公園」（Independence National Historical Park），漫步悠遊其中，便能夠充分感受美國獨立的歷史與人文風情。

由於費城為活生生的美國歷史與文化場域，聯合國教科文組織於2015年底選定費城為美國第一、也是唯一的「世界遺產都市」。

如果你想瞭解美國如何獨立建國，一定要到獨立廳參訪，重回起草〈獨立宣言〉的時空場景；如果你想探索美國常春藤盟校，一定要走訪賓夕法尼亞大學（University of Pennsylvania），一睹1740年由班傑明富蘭克林所創立的名校；如果你想品嚐美國國慶的歡欣歷史滋味，一定要到獨立廳附近的城市酒館（City Tavern），這家餐廳曾於1777年舉辦美國獨立建國周年紀念酒會，菜單傳承至今，在這裡可以享用開國元勳——喬治華盛頓、湯馬仕傑佛遜、班傑明富蘭克林、約翰亞當斯最喜歡的麵包與餐點，兩百多年來的道地滋味，始終經典如初。

費城的天際線

獨立廳國家歷史公園

 不可錯過

獨立廳國家歷史公園

💻 www.nps.gov/inde/index.htm

🏠 520 Chestnut St, Philadelphia, PA 19106

☎ （215）965-2305

🕐 9:00 ～ 17:00（夏季 9:00 ～ 19:00）

🚗 地鐵藍線到第 5 街（5th St. ／ Independence Hall Station）；21、42、9 號公車到第 6 街（Chestnut St. & 6th St.）

💲 免費。3 ～ 12 月需到遊客中心（8:30 開放）索取門票，由於每日參訪名額有總量管制，最好在上午就去排隊取票，15:00 之後恐無法索票參訪

 Info

在費城，無論搭乘地下鐵或公車，若投現金每趟都是 2.5 美元；可至地鐵站購買儲值通勤卡（SEPTA Key Card），卡片目前免費，最低只需儲值 10 美元，每次搭車扣 2 美元。若在費城待一週左右，不妨考慮購買 25.5 美元的週遊票（Weekly TransPass）。

獨立廳國家歷史公園總是充滿各式各樣的活動

班傑明富蘭克林公園大道上的代表建築物——富蘭克林
科學博物館（The Franklin Institute）

城市美學，再造費城

海明威曾在書中寫著：「如果你夠幸運，在年輕時待過巴黎，那麼它將永遠跟隨著你，因為巴黎是一席流動的饗宴。」我相信，若海明威年輕時待過費城，應該也會寫一本費城回憶錄。費城對我而言是畢生的饗宴，學習現代空間規劃的我，深刻體驗到費城在 20 世紀初的全面性城市美學運動：規劃林蔭大道、美術館、圓環廣場，活化歷史地標建築，主要美學產物包括費城美術館（Philadelphia Museum of Art）、班傑明富蘭克林公園大道（Benjamin Franklin Parkway），以及大道旁的各式各樣博物館群。推行城市美學、再造費城的結果，吸引了各地區的人口大量湧入居住，讓費城在 1950 年達到 207 萬人口的巔峰。

人車分流的班傑明富蘭克林公園大道

班傑明富蘭克林公園大道兩旁旗海飄揚，插滿全世界每一個國家的國旗，大道兩端的盡頭分別為費城最重要的地標建築市政廳（City Hall）與費城美術館；利用林蔭大道和綠帶串連起生硬的政經中心和人文的藝術重鎮，是十分有遠見的都市規劃與美學運動，也形塑費城今日的美，是令許多遊客著迷與費城人驕傲之處。

費城美術館目前是全美第三大的美術館，館藏豐富，常設展約有 13 萬件藝術品，是當地居民與遊客必訪之地。此外，有許多美國電影在費城美術館取景，最有名的是席維斯史特龍在 1976 年所主演的電影〈洛基〉（Rocky）；美術館前的臺階是洛基訓練體能的場所，費城人稱它為「洛基階」（Rocky Steps），總是有運動者、觀光客從地面直衝、奔上洛基階的頂端，模仿洛基的勝利手勢，高舉雙臂大聲歡呼，並俯視整座費城主要建築物所形成的美麗天際線。

班傑明富蘭克林公園大道往南的另一端是費城市政廳，可說是全城的精神地標與日常生活的中心，都市規劃也是以市政廳為中心點向外發展。費城市政廳華麗典雅的建築於 1901 年啟用，屋頂上矗立著賓州創始者威廉潘（William Penn）的雕像，自市政廳啟用後有個不成文規定，當時費城所有新建物高度都不能超過這戴著帽子的威廉潘雕像（167 公尺）。造訪費城市政廳時可順道至旁邊的愛公園（LOVE Park）一遊，這座 1965 年啟用的公園由費城最著名的空間規劃師埃德蒙貝肯（Edmund Bacon）所設計，是當今戀人約會的最佳場所，遊憩人潮總是絡繹不絕。

費城美術館

費城的天際線，攝於費城美術館前

1864 年啟用的聖彼得聖保羅大教堂（Cathedral Basilica of Saints Peter and Paul）是班傑明富蘭克林公園大道東南端的代表建築物

旗海飄揚的班傑明富蘭克林公園大道

不可錯過

費城美術館

🖥 www.philamuseum.org/

🏠 2600 Benjamin Franklin Parkway, Philadelphia, PA 19130

☎ （215）763-8100

🕐 10:00 ～ 17:00，每週一休館，週三、週五主展館開放到 20:45

🚗 地鐵藍線到第 15 街（15th St. Station），或地鐵橘線到市政廳站（City Hall Station）

💲 成人 20 美元，65 歲以上 18 美元，學生（須出示有效學生證）、13 ～ 18 歲青少年 14 美元，12 歲以下免費

◆*Tips* ──────────────────────────────

每月第一個週日及每週三 17:00 ～ 20:45，開放自由捐贈（Pay What You Wish）入館欣賞，1 美元也不嫌少；如果你是費城當地藝術或設計學院的學生，只要帶著學生證，開放時間都可免費入館。

出了地鐵市政廳站映入眼簾的為市政廳廣場，可先在此欣賞費城市政廳的華麗建築、漫步愛公園，往西北方向為班傑明富蘭克林公園大道，這是費城最美麗的大道，大約步行 10 分鐘便可看到前方高聳的費城美術館，隨意觀賞沿途的景致，再走 15 分鐘即抵達美術館。

憲政中心步行之旅

💻 www.theconstitutional.com/field-trips/tour-map

草莓導覽團

💻 strawberrytours.com/philadelphia

華麗典雅的費城市政廳

 # 慢遊費城歷史人文

費城南北向的街道以數字命名，由東往西遞增，在第 2 街和第 8 街之間多屬於歷史區域（Historic Philadelphia），很適合以步行的方式慢遊；也有一些在地公司經營歷史區步行之旅，比較有名的是憲政中心步行之旅（The Constitutional Walking Tour），全程約 1.5 小時的詳細導覽，可以上網預訂，一覽費城歷史風貌，並體驗美國獨立情景，每人費用約 20 美元。

另外，這幾年在歐美各大都市興起免費步行導覽之旅（Free Walking Tours），其中口碑不錯的草莓導覽團（Strawberry Tours），由一位當地人提供約 2 小時的免費導覽，帶你走遍費城的主要景點、飽讀費城人文與歷史，而你只需在最後依據當天導覽員解說的精采程度給予小費，通常每人約 5 ～ 10 元美元。

歷史區步行路線

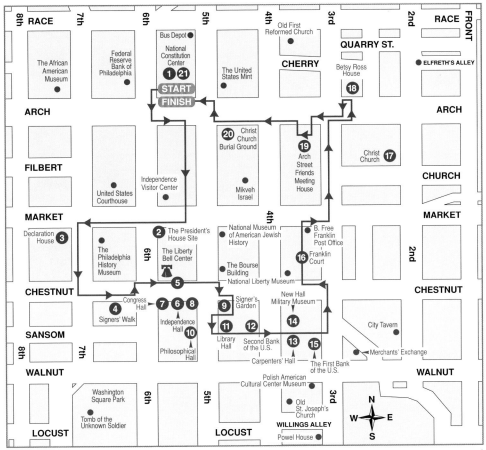

（資料來源：The Constitutional.com）

1 國家憲政中心　　　　6 獨立廳　　　　　　11 圖書館大廳　　　　16 富蘭克林庭院

2 總統之家　　　　　　7 國會大廳　　　　　12 美國第二銀行　　　17 基督教堂

3 宣言館　　　　　　　8 舊市政廳　　　　　13 木匠廳　　　　　　18 貝西蘿絲之屋

4 簽署者步道　　　　　9 簽署者花園　　　　14 軍事博物館新館　　19 亞區街聚會所

5 自由鐘　　　　　　　10 哲學廳　　　　　　15 美國第一銀行　　　20 基督教堂墓園

美哉！生命之河

南北向流經費城市區的斯庫基爾河（Schuylkill River），將全城切分為東邊的市中心與西邊的大學城。

市中心主要以市政廳為核心，規劃出東西南北棋盤式的整齊街道，再加上興建在四個角落的四座廣場公園，由東北方順時針方向依序為法蘭克林廣場（Franklin Square）、華盛頓廣場（Washington Square）、里滕豪斯廣場（Rittenhouse Square）、羅根廣場（Logan Square），也就是以河川、公園、廣場、市區和大學城完整建構出現代都市的樣貌。

斯庫基爾河南北貫穿費城市區

斯庫基爾河十分清澈，水上活動熱絡，河岸邊總是滿滿的運動人潮，成為費城最有生命力的河岸休閒之處。

費城生命之河──斯庫基爾河

常春藤名校在費城

教育產業是費城最大的資產，擁有 1740 年由開國元勳班傑明富蘭克林所創立的名校——賓夕法尼亞大學（University of Pennsylvania），在八所常春藤盟校（Ivy League）中，其創立時間僅次於哈佛大學和耶魯大學。

我有幸在 38 歲前夕因著留學落腳費城，到典雅中帶著現代感的賓大校園當起菜鳥留學生，整座大學城（University City）古色古香，濃濃文化氣息及自由的生活方式深深吸引著我，而留學生活期間的酸甜苦辣，也成為我人生中的一場流動饗宴。

不可錯過

賓夕法尼亞大學
🖥 www.upenn.edu
🏠 3101 Walnut St, Philadelphia, PA 19104
🚌 地鐵藍線到第 34 街（34th St. Station）

Tips

建議下車後沿第 34 街往南步行 5 分鐘，從胡桃街（Walnut St.）進入校園，欣賞大學城美麗的建築群。

賓夕法尼亞大學的費舍爾藝術圖書館（右）是最美的校園圖書館

費城人隊主場比賽時的狂熱氣氛

友愛之城，費利文化

　　Philadelphia 的希臘文原意為「兄弟之情」（Brotherly Love），費城因而被稱為兄弟友愛之城，市區內有著名的愛公園，是個標榜著以愛為中心而發展的城市，不但有名為〈Philadelphia〉的電影討論著同性之愛，更有同名歌曲唱出友誼之愛，因此，Philadelphia 這個字背後的意義就是「愛」，而在地的費城人或美國人一般會簡稱費城為 Philly（費利）。

　　費城在地理上屬於美國東岸的賓夕法尼亞州（Pennsylvania），賓州面積約為臺灣的三倍，但全州人口僅 1,200 萬人，約為臺灣的一半；費城是賓州最大的城市，但非賓州首府，其面積約 367 平方公里，

大於臺北市，都市人口約 150 萬人，為美國第五大城（僅次於紐約、洛杉磯、芝加哥、休士頓）。

　　費城外圍郊區因環境優、稅率低、學區佳等因素，造成中產階級或中上收入家庭移往郊區居住，當地人稱費城郊區是美國郊區化發展的典型代表，賓州郊區亦為最佳郊區居住環境之一，因此定居在費城外圍郊區的人口大增，郊區化、都會化的發展結果也造就今日費城都會區有高達 600 萬以上人口居住。

Info

賓州首府為哈利斯堡（Harrisburg），一般而言，美國各州的首府皆非大都市。

費城的運動風氣極為興盛，在美國的四大職業運動中都擁有自己的球隊，包括職棒大聯盟的費城人隊（2008 年第 104 屆 MLB 世界大賽總冠軍）、職業籃球的 76 人隊、美式足球的老鷹隊（2018 年第 52 屆 NFL 超級盃總冠軍）、冰上曲棍球的飛人隊，全城總是為著自己的球隊比賽而瘋狂。費城更在南方規劃了體育園區（Sports Complex），整合棒球、籃球、冰上曲棍球、美式足球等球場，目前體育園區一年約舉辦 380 場賽事，每年約有 800 萬人次、550 萬車次進出，只要有比賽舉行，附近常會大塞車；若以每人平均花費 60 美元，每輛車平均停車費 30 美元估算，費城體育園區一年即可創造出約 6.5 億美元（約 200 億臺幣）的產值，而費城職業球團每年貢獻約 100 萬美元，作為提升附近社區品質所需的經費來源，可說是園區與社區發展的雙贏策略。

造訪費城時，若能夠搭乘地下鐵到費城南邊的體育園區，欣賞任何一場 MLB、NBA、NFL、NHL 的比賽，也算真正體會到費城熱血的運動風氣與文化。

職棒大聯盟費城人隊的主場

不可錯過

費城體育園區
◆ **市民銀行球場（Citizens Bank Park）｜費城人隊主場**
🏠 1 Citizens Bank Way, Philadelphia, PA 19148
◆ **富國銀行中心（Wells Fargo Center）｜76 人隊與飛人隊主場館**
🏠 3601 S Broad St, Philadelphia, PA 19148
◆ **林肯金融體育場（Lincoln Financial Field）｜老鷹隊主場**
🏠 1 Lincoln Financial Field Way, Philadelphia, PA 19148
🕐 球季：職棒｜每年 4 月初到 11 月初；職籃｜每年 10 月中到隔年 6 月中；冰上曲棍球｜每年 10 月初到隔年 6 月初；美式足球｜每年 9 月初到隔年 2 月初
🚗 除自行開車外，唯一的公共運輸就是地鐵，橘線往南到最後一站（AT&T Station），下車後步行約 15 分鐘即可抵達球場
💲 任一場球賽票價約幾十美元不等，雖不便宜，但可充分感受到費城人的熱血，可上球團官網查看賽程並購票

費城球團官網

◆ **美國職棒大聯盟（MLB）│費城人隊（Phillies）**
　www.mlb.com/phillies

◆ **國家籃球協會（NBA）│76人隊（76ers）**
　www.nba.com/sixers/

◆ **國家冰上曲棍球聯盟（NHL）│飛人隊（Flyers）**
　www.nhl.com/flyers

◆ **國家美式足球聯盟（NFL）東區│老鷹隊（Eagles）**
　www.philadelphiaeagles.com/

老鷹隊冠軍旗

　　費城人全年總是為了各種運動賽事而瘋狂，觀看球賽時必定要吃著費城特有的美食——牛肉起司堡（Cheesesteak），潛艇堡麵包內夾著熱騰騰的新鮮牛肉與超級濃厚的起司，薄牛肉片與濃厚起司在口中融為一體，吃起來格外過癮。

　　費城最有名的牛肉起司堡餐廳：紀諾（Geno's Steaks）和佩特（Pat's King of Steaks），兩家店位於同一條街上相望，店外排隊人潮熱絡。要購買費城牛肉起司堡一定要學會店內特別的點餐方式，若是想要一個加炒洋蔥丁的牛肉起司堡，當地

費城特有的美食——牛肉起司堡

人只會說「One Whiz With」，店家就知道要點一個加洋蔥丁的牛肉起司堡；若不想要洋蔥丁，點餐時則說「One Whiz Without」。

　　前往第9街享用費城最著名的牛肉起司堡時，別忘了在地費城人的點餐方式，老闆會對你另眼相看，鮮嫩的牛肉片也會多加一些！吃著牛肉起司堡，再配上費城當地釀造的鷹靈（Yuengling）啤酒，這就是屬於費城人的享受。在費城生活，球賽運動、牛肉起司堡與啤酒是不可或缺的必需品。

費城人最愛的牛肉起司堡餐廳

費城人最愛的牛肉起司堡餐廳

費城牛肉起司堡

◆ Geno's Steaks

💻 www.genosteaks.com

🏠 1219 S 9th St, Philadelphia, PA 19147

☎ （215）389-0659

◆ Pat's King of Steaks

💻 www.patskingofsteaks.com

🏠 1237 E Passyunk Ave, Philadelphia, PA 19147

☎ （215）468-1546

🕐 全年 24 小時無休

🚗 地鐵藍線到第 8 街（8th St. Station）後，由下一條街（9th St.）往南步行約 20 分鐘即可抵達；或在第 8 街轉乘 47 號公車，往南到聯邦街口（8th St. & Federal St.），再步行 2 分鐘到 Passyunk Ave，就會看到許多人在排隊買牛肉起司堡
由此步行到小義大利區約 5 分鐘，可一起走逛

💲 一個牛肉起司堡 10 美元

　　對於在費城居住的外國人或臺灣留學生而言，大部分的人在第一年都不太喜歡這裡，甚至有人會討厭這個既古老又破舊的都市，然而在費城生活兩年，通常都會慢慢接受費城文化的獨特性，到了第三年以後，許多人漸漸喜歡上費城人的自我、獨立與雅痞式文化，也會自稱為費城人。

　　這種自由、自傲、自信，帶著濃濃古都藝文氣息，再加上一種不在乎別人的眼光，確實可以讓你勇於做自己，讓人盡情地在此享受短暫的人生，並追求自己的夢想。在我定居費城的三年期間，深受費城人的 DNA 與文化影響，自此，費城成為另一種鄉愁。

2 迴盪在費城的精神

新舊建築物協調的街景，左側為麗思卡爾頓飯店，右側為費城市政廳

地標建築巡禮

即便是一塊磚，也要當了不起的磚

市政廳周邊

費城市政廳原本規劃設計成為世界最高的建築物，自 1871 年開始興建，歷經 30 年，直到 1901 年才完工；但建成時已被法國巴黎的艾菲爾鐵塔（1889 年完工，高度 300 公尺）、美國華盛頓特區的華盛頓紀念碑（1884 年完工，高度 169 公尺）超越，名列世界第三高的建築物。

由於艾菲爾鐵塔與華盛頓紀念碑皆為紀念性的地標建築，非屬提供人們長期在內使用的建築物，費城市政廳仍可算是世界最高的可供使用建築物，幾年後才被紐約市的勝家大樓（Singer Building，1908 年完工、1968 年拆除，47 層樓，高 187 公尺）和大都會人壽大樓（MetLife Building，1909 年完工，50 層樓，高 213 公尺）取代。

君子協定：費城所有建物高度不能超過市政廳的威廉潘雕像

樓高 167 公尺的市政廳是費城的精神核心，整座城市以它為中心發展，市政廳華麗典雅的鐘樓頂端是賓州創建者威廉潘的雕像，費城當時有個不成文的規定，約束著日後所有新建築物的高度，不能超過市政廳頂端的威廉潘雕像帽緣，稱為君子協定（Gentlemen's Agreement）。

1930 年代，美國學習歐洲的國際式樣（International Style）興建現代化高樓大廈，試圖打破此一君子協定，然而最後都告失敗。1932 年竣工的費城儲蓄基金會（Philadelphia Savings Fund Society, PSFS）大廈為美國首棟國際式樣的現代化高樓建築，自此以後，現代化高樓大廈如雨後春筍般崛起，也形成費城美麗別緻且獨特的天際線。36 層樓高的費城儲蓄基金會大廈目前整修為羅斯（Loews）飯店，經常舉辦各種研討會議，是費城的重要地標建築之一。

一直到 1987 年，61 層樓高的一號自由廣場大樓落成，288 公尺的高度才超越市政廳頂端的威廉潘雕像，打破維持近 90 年的建物高度君子協定。

在 1930 年代以後，費城的摩天大樓如雨後春筍般林立

　　費城市政廳是美國民主政治三權分立的縮影，目前這棟建築物內部分別作為行政（二樓為市長辦公室）、立法（每週四有 17 位民選市議員在此開會）、司法（有超過 30 個法庭）部門使用，除了政府的辦公空間無法參訪，其餘空間皆對民眾開放，在市政廳一樓設有訪客服務中心（Visitor Center），參訪市政廳時可在此購票，搭乘電梯到塔樓頂端的觀景臺，俯視費城全景。

　　另外，市政廳的中庭廣場每到假日總是有許多人歇坐或穿越，也會有街頭藝人表演，時而小提琴、時而烏克麗麗，琴聲悠揚。我記得每次週末路過，都會有演奏小提琴或烏克麗麗的街頭藝人，有一位胖胖身軀的演奏者，總是滿身大汗地在中庭彈著烏克麗麗，完全不懂樂譜的他是靠聽音自學，然後很認真地紀錄在一本厚厚的筆記本上，照著自己的筆記本彈唱。

　　2015 年的夏季，我曾和正在學習烏克麗麗的愛格去找他切磋琴藝，他教愛格和弦刷法，愛格教他音階指法，享受彼此交流的樂趣。

寬敞的市政廳中庭廣場

費城市政廳旁邊有一棟於 1963 年完工的市政大樓（Municipal Service Building），市政府各局處的辦公室大部分都已經搬遷到這棟 16 層樓高的大廈內；這棟現代大廈前面的廣場很有藝術氣息，隨處散布的公共裝置藝術都很精緻，是我和兒子愛格騎乘單車、欣賞市政廳的最佳場所。

2015 年仲夏，愛格在這裡學騎單車，練習了幾次以後開始淘氣起來，他假想著廣場上彩色的西洋棋藝術雕塑是進攻的目標，共享單車的車燈成為他的射擊武器，

在市政大樓旁的棋盤藝術廣場騎乘共享單車

就這樣一邊騎著單車、一邊玩著想像的戰鬥遊戲，我們總是抽空騎單車、直到天黑才回家。

有一次愛格騎著單車，穿梭在廣場上的西洋棋藝術雕塑之間，他繞來繞去閃過縫隙，自己找一些比較有挑戰的方式來騎單車；但我突然看到他騎著單車、快速地撞上巨大的西洋棋雕塑，連人帶車直直地倒了下去，愛格在地上躺了一下之後，自己也覺得好笑，我們一直笑個不停。

事後愛格告訴我，說他想試試用單車衝撞西洋棋雕塑，看看實心的西洋棋會不會移動；雖然心裡想著西洋棋應該不會被單車撞移，不過他還是想試試看，也沒料到自己會連人帶車摔倒，於是躺在地上、順便休息一會兒。這樣的仲夏傍晚時分，在市政大樓前的廣場騎乘共享單車，輕鬆簡單的親子互動，成為費城生活最美好的回憶。

後方即為市政大樓

不可錯過

費城市政廳

🖥 www.visitphilly.com/things-to-do/
attractions/city-hall/

🏠 1401 John F Kennedy Blvd,
Philadelphia, PA 19102

☎ （267）514-4757

🕐 塔樓導覽｜週一～五 9:30 ～ 16:15，週
六 11:00 ～ 16:00；全廳導覽｜週一～
五 12:30

🚗 市政廳是費城的中心點，幾乎每路公車
都會到市政廳，若是搭乘地鐵，藍線在
第 15 街（15th St. Station）、橘線在市
政廳站（City Hall Station）下車

💲 塔樓導覽｜成人 8 美元，65 歲以上 6 美
元，學生 4 美元，3 歲以下免費；全廳
導覽｜成人 15 美元，65 歲以上 10 美元，
學生 8 美元，3 歲以下免費

Tips

市政廳中庭及周邊廣場與公園經常有表演活
動，或者街頭藝人的精彩演出，都可免費欣賞。

市政廳周邊也是商業氣息最濃厚的區
域，飯店、百貨、金融機構等圍繞著市政
廳而立，萬怡（Courtyard）、麗思卡爾頓
（Ritz-Carlton）、萬豪（Marriott）等知
名飯店皆在市政廳旁，我在市區活動時，
偶爾也會到萬怡飯店的大廳休息片刻，此
外，美國最老牌的連鎖百貨公司──梅西
百貨（Macy's）也在市政廳旁。

費城市中心這間梅西百貨的建築物，
其正式名稱為沃納梅克大樓（Wanamaker

費城市政廳

緊鄰市政廳與市政大樓的賓州共濟會總部（Masonic
Temple，建於 1873 年）

Building），由百貨商店之父約翰沃納梅
克（John Wanamaker）斥資興建，歷時
七年完工。沃納梅克在 1876 年以購入的

廢棄鐵道車站成立服裝零售店，為了擴大事業，在 1879 年將其改建成為美國最早的百貨商店，更在 1904 年重金禮聘芝加哥知名建築師丹尼爾伯翰（Daniel Burnham）規劃設計，以義大利文藝復興風格興建沃納梅克大樓，取代原來的倉庫賣場；並在 1909 年取得聖路易世界博覽會中的巨型銅鷹及管風琴（Organ），裝飾於大樓內成為沃納梅克百貨的象徵。

1911 年落成啟用的沃納梅克大樓，於 1978 年被列入國家歷史地標建築（National Historical Landmark），成為當時的建築傳奇；然而沃納梅克的後代也待價而沽，同年就以高價出售建物，新經營者將其整修得煥然一新，然後再度轉售。事實上，這棟大樓在 1990 年代曾面臨多次經營權更迭，直到 2006 年才由梅西百貨主導經營，將這棟百年歷史建築活化，成為費城最重要的地標建築之一。

梅西百貨時常會有折扣或半價促銷，尤其是每年感恩節（11 月第四個週四）、聖誕節、美國國慶日等，都有持續整週的拍賣會，不少商品都會打對折出售，是費城人與觀光客購物時的最愛。記得 2015 年的國慶日假期，市中心的梅西百貨舉行全館大拍賣，服飾幾乎都是半價出售，如果申辦梅西卡又可再享折扣，當天我和愛格除了購買衣物，還去買了電子式慢燉鍋、果汁機、湯鍋等。另外，曾有朋友造訪費城巧遇國慶假期，在此購物買了旅行用的行李箱，價格幾乎是原價的 4 折左右，實在非常划算。

在梅西百貨除了購物，更應該欣賞建物內最著名的兩個裝飾，首先是位於一樓的巨大立姿銅鷹，重達 2,500 磅（1 千多公斤），由德國藝術家於 1904 年完成，不但是美國精神的象徵，也成為朋友相約見面的標誌；另外是位於七樓的古老管風琴，梅西百貨的中庭採挑空式設計，抬頭一望即可見到這費城最大的管風琴，共有 6 層琴鍵、2 萬 8 千多根音管，是 1904 年為了聖路易世界博覽會而建造，也是當時全世界最大的管風琴。

在梅西百貨中庭欣賞古老的管風琴演奏

除了週日,梅西百貨每天都會有兩場管風琴演奏,聖誕節等重要節日還會舉辦盛大音樂會,在梅西百貨光是聆聽管風琴演奏,就是一場無價的音樂饗宴。任何人都可至梅西百貨的顧客服務中心登記、預約免費導覽,進行一場管風琴與國家歷史地標建築之旅,肯定不虛此行。

沿著市政廳附近的主要動線步行,可以進行一場現代建築之旅。我在費城留學期間,若有空就會從賓大校園的第 37 街往東走,一路遊逛到費城市中心,經常一走就走過 30 幾條街。

Macy's Center City Philadelphia

🖥 www.visitmacysusa.com/philadelphia

🏠 1300 Market St, Philadelphia, PA 19107

☎ (215) 241-9000

🕐 週一～六 10:00 ～ 20:00,週日 11:00 ～ 19:00

🚗 位於市政廳東側大門旁,從市政廳步行 3 分鐘即可抵達

Tips

在重要節日都會有購物折扣,結帳前記得先到顧客服務中心申辦一張梅西卡,當日立即享有額外 10 ～ 20% Off 的折扣。

市政廳周邊新舊建築協調的街景

市中心的現代建築

從大學城往東到市中心的景致

市中心的狹小街道上新舊建物並存

梅隆中心（BNY Mellon Center，1990年完工，高241公尺）、獨立藍十字大樓（Independence Blue Cross Tower，或稱為Blue Cross-Blue Shield Tower、IBX Tower，正式名稱為 G. Fred DiBona Jr. Building，1990年完工，高191公尺）、一號商業廣場（One Commerce Square，1992年完工，高171公尺）、二號商業廣場（Two Commerce Square，1987年完工，高171公尺）、蜜蘭諾（Murano）住宅大樓（2008年完工，高145公尺）、西若中心（Cira Centre，2005年完工，高133公尺）、PECO大樓（PECO Building，1970年完工，高117公尺），這幾棟建物都是費城著名的地標建築，也是形成美麗城市天際線的重要元素。

在費城，南北方向的街道命名是以數字為主，由東向西按照數字遞增排序，最東邊靠近德拉瓦河（Delaware River）為第1街，往西到費城車站為第30街，過了第33街之後為賓大校園，再往西過了第45街，環境與治安都較差，到第69街之後即為費城的郊區。

在費城市區遊走，我喜歡沿路欣賞市政廳附近的摩天高樓，最喜愛的建築包括康卡斯特中心（Comcast Center，2008年完工，高297公尺）、一號自由廣場（One Liberty Place，1987年完工，高288公尺）、二號自由廣場（Two Liberty Place，1990年完工，高258公尺）、紐約銀行

市中心的摩天高樓（左側是康卡斯特中心，中間為一號自由廣場，右側是紐約銀行梅隆中心）

Info

The Shops at Liberty Place

- www.shopsatliberty.com/hours
- 1625 Chestnut St, Philadelphia, PA 19103
- （215）851-9055
- 週一～六 9:30 ～ 19:00，週日 12:00 ～ 18:00

地鐵藍線到第 30 街（30th St. Station），出站後沿市場街（Market St.）往東步行約 20 分鐘，即可抵達第 16 街的自由廣場（Liberty Place），途中可飽覽費城現代建築之美

自由廣場購物中心

購物中心採光圓頂

購物中心中庭

 Tips

每年 5 ～ 10 月，最適合步行欣賞費城車站（第 30 街）至市政廳（第 15 街）之間的建築之美，其餘月份天氣太冷或下雪則不適宜。

費城車站

費城車站
美東的交通樞紐

　　費城車站又名為第 30 街車站，顧名思義車站位於費城的第 30 街上，古典的車站建築是由芝加哥著名建築事務所 D.H. Burnham and Company 所設計，車站自 1927 年開始興建，於 1933 年落成啟用，是通往美東及美國各大都市的交通樞紐。

費城車站大廳

20 世紀初，總部位於費城的賓州鐵道公司（Pennsylvania Railroad，PRR）取得穿越斯庫基爾河地下隧道的權利，可以將鐵道事業與車站從第 15 街的市政廳附近往西延伸，於是在西邊的第 30 街上興建了目前規模較大的費城車站，取代原本位於第 15 街的主要車站 Broad St. Station，而這古典復興（Classical Revival）風格的車站也在 1978 年被指定為國家歷史地標建築。記得 2014 年秋天，有一次晚上去費城國際機場送機，回程時經過費城車站，覺得深夜中的車站呈現一種極致的新古典美學。

費城的蘇珊科曼（Susan G. Komen）基金會每年都舉辦為期 3 天、長達 60 英哩的健走活動，參加者不只每天要步行 30 幾公里，更要在健走前募集到至少 2,300 美元，也要繳交報名費，這些款項會全數用於乳癌治療，有許多人參與這項活動，有些參加者為自己的抗癌之路而走，有些參加者為支持親友抗癌而走，男男女女一律穿上鮮豔的粉紅上衣在街頭健走，聲勢浩大，他們的足跡踏遍費城的都會區與郊區，我也曾在行經費城車站時，巧遇往市區健走的隊伍，然後搭乘火車到了費城郊區，又再度遇到粉紅的健走人群，若您也在費城巧遇這群粉紅抗癌鬥士，別忘了和他們擊掌、說聲加油！

深夜中的費城車站散發著新古典建築美

Info

蘇珊科曼基金會
komenphiladelphia.org

Susan G. Komen 3-Day
secure3.convio.net/npt/site/SPageServer/

費城車站旁的 BoltBus 是通往紐約等各大城市最經濟實惠的運具

從費城車站搭乘經濟實惠的 Megabus 往返華盛頓特區

費城車站內的復活天使雕像是電影取景處

　　任何酸甜苦辣、悲歡離合總會在費城車站內發生，我在費城生活期間，無論是搭乘火車或公車都會到費城車站，還記得 2012 年全家第一次搭乘美國國鐵（Amtrak）到紐澤西州；還記得我會利用區域鐵路（Regional Rail）通勤上下課，搭乘佩奧利／桑代爾支線（Paoli／Thorndale Line）往返校園與費城郊區的住家。此外，我經常在費城車站外等候 44 號公車，對我而言，費城車站有著特殊的意義和情感。

　　在費城車站候車之餘，不妨順便欣賞大廳內的公共藝術品，事實上，有許多美國電影都在費城車站取景，大廳內最著名的藝術銅雕——復活天使（The Angel of the Resurrection）便是電影取景處，這是美國知名藝術家漢考克（Walker Hancock）的傑作，是 1952 年賓州鐵道公司為了紀念二次大戰傷亡戰士所設立，偶爾我會駐足在費城車站內欣賞這座雕像。

費城車站旁的街頭即景，巧遇粉紅抗癌鬥士

 不可錯過

費城車站

🏠 2955 Market St, Philadelphia, PA 19104

🕐 租車櫃檯｜週一～五 7:00 ～ 22:00，週六
10:00 ～ 15:00，週日 9:00 ～ 20:00

🚗 幾乎任何公共運輸都會到費城車站

◆ **Amtrak**

💻 www.amtrak.com/stations/phl.html#

🕐 24 小時提供售票服務

◆ **SEPTA**

💻 www.septa.org/stations/rail/30th.html

📞 （215）580-6500

🕐 週一～五 6:00 ～ 22:00，週六 8:00 ～
20:00，週日 8:00 ～ 19:00 提供售票服務

瑞汀車站市場

位於第 12 街和亞區街（Arch Street）轉角處的瑞汀車站市場（Reading Terminal Market），源自 1889 年瑞汀鐵路公司決定在費城興建一處結合火車站、客運站及企業總部辦公室的複合式建築物，當時選定的基地周圍都是露天的傳統市場，瑞汀鐵路公司花費了 1 百萬美元收購建地，並同意讓攤商遷移到新車站的底層繼續營業。1891 年動工的瑞汀車站主要分為三個結構體：車站大樓、車站與月臺、市場，

1893 年落成啟用之後，經營數代的傳統攤商形成目前最具餐飲特色的市集重鎮。

　　瑞汀車站市場在 1910 年代是費城最主要的食物供給來源地，有著 250 家零售商、100 位農民在此販售新鮮食物、肉品、蔬果。二次大戰期間，全美國食物短缺情形嚴重，瑞汀車站市場更扮演著提供費城市民食物配給的重要角色。然而瑞汀鐵路公司於 1971 年宣告破產，不再投資維護瑞汀車站市場，1976 年瑞汀公司轉型為不動產開發商後，便將市場經營權出租給一家管理公司達 15 年之久。

　　到了 1970 年代末期，市場的規模大幅萎縮，只剩下兩成的攤商繼續運作，直到 1980 年代，瑞汀公司重新經營市場才漸有起色，攤商回復到原來的六成左右。但是，接管區域鐵路業務的賓州東南運輸局（SEPTA）規劃興建新的車站，在 1984 年最後一列火車通過瑞汀車站後，

通勤鐵路系統的轉運中心即向東轉移至市場東站（Market East Station），取代瑞汀車站成為市區最主要的火車站與地鐵站。市場東站目前名為傑佛遜車站（Jefferson Station），主要是 SEPTA 為增加財源收入，創意發想出車站命名權的標售，高價得標者即可為車站命名，最後由傑佛遜大學醫院（Thomas Jefferson University Hospitals）以 400 萬美元向 SEPTA 買下該車站為期五年的命名權，市場東站自 2014 年 9 月 4 日起更名為傑佛遜車站。

　　在瑞汀車站市場內，每家餐廳都很平價美味，到這裡一定要吃著名的 Bassetts 冰淇淋，這家店自 1861 年即開始販售冰淇淋，目前的經營者已經是第五代，是世代相傳的美味手工冰淇淋。。在 17:00 之前逛完市場，還可跨越第 12 街到對面搭乘露天的雙層觀光巴士，暢遊費城主要景點。

費城最具有餐飲特色的瑞汀車站市場

記得 2015 年暑假，我們全家就搭乘下午 5 點的最後一班觀光巴士，繞行費城美術館、費城動物園、東州監獄、費爾蒙公園等主要景點，遊遍整個費城，所有景點都介紹得非常詳細。當日結束觀光巴士之旅後，我們一起散步到公車站，途中經過一家費城很有名的餅乾店——失眠餅乾（Insomnia Cookies），現烤的大塊溫熱巧克力餅乾超級好吃，嚐過失眠餅乾，走到胡桃街上搭乘 21 號公車往西邊的大學城，回到我們在第 39 街漢米爾頓公寓的家。

 Info

Bassetts Ice Cream

💻 bassettsicecream.com/l-58-Reading-Terminal-Market

🏠 45 North 12th St, Reading Terminal Market, Philadelphia, PA 19107

☎ （215）922-2317

 Tips

觀光巴士票價：成人 32 美元、孩童 10 美元，可以討價還價，有時售票員在下午時段會提供 5 美元的折扣。

各式各樣的特色點心

阿米希人的手工麵包

 不可錯過

瑞汀車站市場

💻 readingterminalmarket.org

🏠 51 N 12th St, Philadelphia, PA 19107

☎ （215）922-2317

🕐 8:00 ～ 18:00

🚇 地鐵藍線到第 15 街（15th St. Station）、橘線到市政廳站（City Hall Station），下車後步行約 5 分鐘即可抵達

💲 屬於平價經典美食，每人約花費 10 ～ 20 美元即可大飽口福

 Info

阿米希人（Amish）抗拒科技產物，不開車、不用電力、不上學校，過著簡樸的生活來實踐他們的宗教信仰

 Info

失眠餅乾

💻 insomniacookies.com/locations/state/PA

費城鑄幣廠

費城鑄幣廠是美國鑄幣局（U.S. Mint）的首座鑄幣廠，這裡是旅人的私房景點之一。事實上，擁有自己的貨幣是成為一個獨立國家的要件，根據美國憲法，國會得制定法律授權聯邦政府鑄幣，而美國國會早在 1792 年即通過〈鑄幣法案〉（Coinage Act），當時由財政部長漢米爾頓（Alexander Hamilton）提議成立國家鑄幣局，由於費城是首都所在地，便在此大興土木，費城鑄幣廠也成為第一個依據美國憲法所興建的聯邦政府建築。

隨著經濟成長，美國需要更多的貨幣，只有一座鑄幣廠顯然已不敷使用，於是 19 世紀中便在全國其他六個地方興建了鑄幣廠，包括喬治亞州的達洛尼加（Dahlonega）、北卡羅萊納州的夏洛特（Charlotte）、路易斯安那州的紐奧良、加州的舊金山、內華達州的卡森市（Carson City）、科羅拉多州的丹佛，目前運作中的主要鑄幣廠在費城、丹佛、舊金山。若你仔細看，在美元硬幣上除了有 "IN GOD WE TRUST" 與 "E PLURIBUS UNUM"（拉丁文，合眾為一的意思）等箴言之外，還有一個小小的大寫字母，若為 D 表示在丹佛鑄幣廠鑄造，若為 P 就是費城鑄幣廠所發行。

美國於 1793 年首次鑄造發行硬幣，由首任鑄幣局總監、科學家里滕豪斯（David Rittenhouse）負責監製，最初發行的硬幣依幣值高低由金、銀、銅等金屬鑄造而成，各式各樣的幣值和現今的美元硬幣有些差異，目前流通的美元硬幣有 1 元、50 分、25 分、10 分、5 分（Nickel）、1 分（Penny）。

費城鑄幣廠

最初發行的美元硬幣			
年份	名稱	幣值	主成分
1793	Half Cent	0.5 ¢	銅
1793	Cent	1 ¢	銅
1794	Half Dime	5 ¢	銀
1794	Dollar	$1	銀
1794	Half Dollar	50 ¢	銀
1795	Gold Eagle	$10	金
1795	Half Eagle	$5	金
1796	Quarter Eagle	$2.5	金
1796	Quarter	25 ¢	銀
1796	Dime	10 ¢	銀

要搞清楚各種大小不一的美元硬幣並非易事，結帳時最簡單的方法就是把硬幣拿出來讓店員自行算取，另外，若是累積了許多小額硬幣，有兩個方法可以處理這些擾人的硬幣，一是消費時當作小費，或是投入慈善機構的捐贈箱；二是把硬幣拿到超市櫃檯，利用硬幣秤重計兌換成等額紙鈔。

美元硬幣的製作流程解說

 **不可錯過**

費城鑄幣局

🖥 www.usmint.gov/about/mint-tours-facilities/philadelphia/tour-information
🏠 151 North Independence Mall East, Philadelphia, PA 19106
☎ （215）408-0112
🕐 週一～五 9:00～4:30；夏季（5月底～9月初）週一～六 9:00～4:30
🚇 地鐵藍線到第 5 街（5th St. ／ Independence Hall Station），或 21、42、9 號公車到第 6 街（Chestnut St. & 6th St.），由此步行約 10 分鐘即可抵達
Ⓢ 免費，須通過聯邦政府的安全檢查門才能入內參訪

Tips

最好在 15:30 以前抵達參觀，鑄幣廠在 16:00 左右就會要求訪客離開。

國家憲政中心

位於費城的國家憲政中心（National Constitution Center）是美國唯一由國會立法通過所成立的憲政中心，藉以傳播美國憲法的相關知識，館內透過互動式展覽及活動，讓一般民眾瞭解美國憲法的精髓。

早在 1887 年慶祝美國憲法百年之際，政府就提議要成立憲政紀念中心，然而一直到 1987 年憲法施行兩百週年，國家憲政中心才開始成形。1988 年由雷根總統（Ronald Reagan）簽署憲政資產法案，在費城建立國家憲政中心，於 2000 年破土動工，2003 年國慶日首度開放民眾參觀，我也在隔年秋季首次到費城出差時走訪國家憲政中心，體驗美國建國兩百多年來的歷史、文化、政治縮影。

Info

國家憲政中心

🖥 constitutioncenter.org/visit/visitors-guide/mandarin

東州監獄
觀光監獄的典範

在 1787 年，一群具有影響力的費城大人物齊聚在班傑明富蘭克林家中，討論著該如何減輕犯罪問題，席中美國精神醫學之父班傑明洛斯（Benjamin Rush）提出興建一座世界最高規格的監獄，讓罪犯可以在裡面真心悔改，出獄後不再犯罪，以降低社會犯罪率。這樣的理念影響了當時的美國啟蒙思想，也創建了世界上第一個監獄改革組織 The Philadelphia Society for Alleviating the Miseries of Public Prisons（今日的賓州監獄協會），經過 30 年之久，這群有志之士終於說服賓州政府，在費城外圍的農田地區興建一處具改革象徵的教養所——東州監獄（Eastern State Penitentiary）。由英國出身的建築師約翰哈維蘭（John Haviland）所設計，花費約 80 萬美元興建的監獄造價之高，是當時全美國第二昂貴的建築物，僅次於華盛頓特區的國會山莊（U.S Capitol）

1829 年啟用的東州監獄規劃了中央監視塔，連結七條放射狀的主要通道與牢房，在 1920 年代監禁過美國幫派老大艾爾卡彭（Al Capone），可算是監獄的全盛時期。到了 1960 年代，超過 130 年歷史的老舊監獄因維護費用高漲而難以繼續，終於在 1971 年關閉，荒廢一陣子之後，在 1980 年將所有權賣給費城市政府。

費城市政府原本想要藉著都市更新剷除東州監獄，規劃興建其他住商等用途的新建物，但是因為都市更新的爭議，加上民眾保護歷史建物的請願，後來並未將監獄拆除改建，而是交由賓州監獄協會（Pennsylvania Prison Society）將古老監獄活化運用，在 1994 年作為監獄博物館重新開放。互動式的監獄之旅活化了這處國家史蹟，監獄觀光堪稱費城特殊體驗之極致，東州監獄也成為觀光監獄的典範，創造了不少觀光財，成為商機所在。

事實上，東州監獄是費城很重要的一處觀光景點，每年有高達 30 萬人次的遊客到此參訪，賓州監獄協會在 1997 年與費城市政府簽署為期 20 年的經營合約，在 2001 年由非營利公司 Eastern State Penitentiary Historic Site 接手經營。每年賓州政府或費城市政府都會撥款補助東州監獄的維護與再利用，我記得 2014 年底當地報紙報導，過去 15 年來已經投入 1,000 萬美元在該監獄的活化與再造，並規劃未來每年至少投入 100 萬美元，賓州政府的補助高達 50 萬美元，經營的公司還要自籌 50 萬美元，用以活化古老的監獄。

東州監獄每年有兩大慶典，一個是 10 月底的萬聖節（Halloween），另一個是 7 月 14 日的巴士底監獄節（Bastille

Day）。如果你想在費城度過萬聖節驚魂夜，那麼東州監獄的萬聖節派對絕對是最恐怖銷魂的；另外，每年的 7 月 14 日是法國國慶日，紀念 1789 年 7 月 14 日民眾占領象徵專制王朝的巴士底監獄，揭開法國大革命的序幕，解放長期被壓迫的人民，這一天費城也會在東州監獄舉辦巴士底監獄節，歡慶法國國慶日，當日監獄內外人滿為患，可說是最重要的嘉年華節慶。

我曾於 2015 年參加巴士底監獄節，當日監獄周遭變成行人徒步區，在監獄大門前搭設了表演舞臺，演出幽默的法國大革命舞臺劇，每一位演出者都表演得十分精彩，記得當時有表演者模仿美國歌手 Katy Perry 唱〈Firework〉這首歌，將其中的歌詞 Just own the night like the 4th of July（美國國慶日）改成了 Just own the night like the 14th of July（法國國慶日），然後從舞臺上將法國麵包拋給觀眾們享用。

除了舞臺劇之外，高達 10 公尺的監獄外牆上方也有不少表演者扮演著當年的法國王室，包括 Marie Antoinette 皇后（法國末代皇后），當民眾占領監獄之後，皇室成員都被拘禁起來，為了歡慶人民革命成功，在高牆上方大聲喊著：「Let them eat Tastykakes!」（讓人民吃蛋糕吧！）此外，有些表演者還會配合時事，扮演成費城市長、教宗方濟各等各個角色，唱作俱佳的模仿與表演都是一流水準。

事實上，Tastykake 是在費城很受歡迎的蛋糕品牌，任何一間超市都買得到它所生產的各式各樣蛋糕，這家企業歷史悠久，自 1914 年在費城創立以來，是超過百年的在地烘焙公司，也是當日活動的主要贊助商之一，這天會從監獄的高牆上方撒下約 3,000 個包裝好的 Tastykake 小蛋糕，讓群眾在欣賞表演之餘，還能嚐到美味的點心，而且結合法國大革命與時事的演出相當具有水準，在看完表演之後我還巧遇來自法國的博班同學，他也稱讚幽默的演出者才華洋溢。

東州監獄

不可錯過

東州監獄

🖥 www.easternstate.org/

🏠 2027 Fairmount Ave, Philadelphia, PA 19130

☎ （215）236-3300

🕐 10:00～17:00，特殊節日如萬聖節、法國國慶日等會有派對活動

🚌 48、7 號公車在 22nd St & Fairmount Av 站下車，33 號公車在 20th St & Fairmount Av 站下車；或是從費城美術館往東步行約 15 分鐘即可抵達

💲 成人 14 美元，62 歲以上 12 美元，學生（須出示有效學生證）、7～12 歲孩童 10 美元

Info

Tastykake

🖥 www.tastykake.com/

Tips

若是在 7 月中造訪，可在週末參加免費的巴士底監獄節慶。

威廉潘登陸地與富蘭克林大橋

1682 年，賓州創始人威廉潘沿著德拉瓦河抵達費城，在此登陸美東之地，因而被命名為威廉潘登陸地（Penn's Landing）。在威廉潘登陸之時，這裡居住著少數瑞典、荷蘭和印度族裔的移民，在威廉潘稱為「神聖實驗」（Holy Experiment）的治理哲學之下，許多人都歡迎來自英格蘭的他在此建立殖民地。

早期費城的農民和原料製造商向殖民母國英格蘭輸出貨物，到了 1720 年代，英國船隊將羊毛、亞麻、各種金屬、甚至火藥帶入費城的繁華海濱；然而隨著時間推移，殖民地商人開始逃稅，非法出口木材、牲畜、農作物和菸草，財政困境迫使威廉潘將德拉瓦河沿岸的精華土地出售給富有的商人，打造綠色河岸的概念最終讓位給商業利益。

威廉潘登陸地的雕像，紀念歐洲人移民費城的事蹟

到了 20 世紀，費城市區往西邊發展，這東邊的老舊城區漸漸衰退，直到 1976 年費城市政府將此地區規劃成為休閒遊憩中心，積極進行再開發計畫。目前這裡夏季充滿欣賞海景的遊客，在附近啤酒屋聚會的人潮亦絡繹不絕，另外，在冬季也有著名的戶外滑冰場，總是吸引著不少人前往。

偉大的城市都會有一座偉大的橋，紐約有布魯克林大橋（Brooklyn Bridge），舊金山有金門大橋（Golden Gate Bridge），在費城，則有一座班傑明富蘭克林大橋（Benjamin Franklin Bridge）。

這座淡藍色大橋自 1919 年開始興建，於 1926 年完工，橋面寬度 40 公尺，總長度 533 公尺，跨越德拉瓦河，連接賓州費城和紐澤西州坎敦市（Camden），當時是世界上最長的懸吊橋（Suspension Bridge），由建築師 Paul Philippe Cret 所設計，他也曾負責設計費城的班傑明富蘭

克林大道。

這座橋原本稱為德拉瓦橋，為紀念 1724 年抵達費城的開國元勳班傑明富蘭克林，從 1956 年起更名為班傑明富蘭克林大橋。這座橋連接起費城人的心，任何人要進出費城都會經過班傑明富蘭克林大橋，成為當地最著名的資產地標，而威廉潘登陸地附近的河岸區，也是家人、朋友或戀人散步談心的最佳區域。

不可錯過

威廉潘登陸地

💻 www.visitphilly.com/outdoor-activities/
philadelphia/penns-landing/

🏠 101 N Columbus Boulevard,
Philadelphia, PA 19106

🚗 地鐵藍線到第 2 街（2nd St. Station）
下車，步行 5 分鐘即達；或搭乘 21 號、
42 號、33 號公車亦可抵達

從威廉潘登陸地遠眺班傑明富蘭克林大橋

建築大師路易斯康的作品

建築大師在費城

　　只要是念建築、設計的學生，一定都知道美國現代建築大師路易斯康（Louis Kahn，1901 ～ 1974），而他的建築作品亦為費城的重要資產。

　　路易斯康出生於愛沙尼亞（Estonia）的猶太家庭，1906 年隨著全家移民，落腳在美國費城，他念完高中即進入賓大建築系就讀，1924 年畢業之後，大部分的時間作為一名建築師待在費城，1947 ～ 1957 年間曾於耶魯大學建築系任教，1957 年以後在賓大建築系擔任教授，直到終老。

　　路易斯康在世界各國多地都有建築作品，在美國賓州、費城亦是如此。他傳奇的建築人生受到法國學院派的布雜藝術（Beaux-Arts）所影響，但是他透過量體、材料、光線、結構等從新定義建築，亦曾嘗試著與磚塊對話，路易斯康說過一句名言：「即便是一塊磚，也想要成就不凡」（Even A Brick Wants To Be Something）。然而，1974 年他卻在出差的返途中，於紐約市賓州車站的男廁內心臟病發身亡，結束了傳奇的一生。

　　路易斯康的建築事務所位於費城第15街和胡桃街的轉角（1501 Walnut St.），我在賓大設計學院求學期間，常在散步運動時經過該處，目前那裡立著一座鐵鑄標誌，訴説著一代建築大師的簡要事蹟。

2015 年冬季，我在校園往返宿舍和學院之間，無意間經過書城看到一本《路易斯康之屋》（The Houses of Louis Kahn），書中介紹路易斯康在費城郊區為朋友所設計的住家—— The Samuel and Ruth Genel House，是我很喜歡的書。由於這個地方距離我週日禮拜的教堂不遠，於是我就在禮拜之後踏著雪跡前去尋覓大師的建築作品，通常在 2 月的寒冬中，步行 10 分鐘就會凍得受不了，那天我走了 40 分鐘，在冰天雪地中找到這棟房子時，興奮之情讓心頭倍感溫暖。

這棟路易斯康於 1948 ～ 1951 年在費城郊區溫尼伍德（Wynnewood）地區所建的房子，採用石材、木材、玻璃的結構，讓它看起來既典雅又現代，與溪流、高地、整體自然環境結合，設計的精髓就是如此。當日我憑著從書中讀到關於該建物的記憶，一路踏雪尋屋找到這間房子、也巧遇主人，是一趟十分珍貴的發現之旅。

路易斯康一生大部分時間都在賓大建築系任教，但 Richards Medical Research Laboratories 是他在校園裡唯一的建築作品，我曾在 2015 年初夏清晨慢跑去拜訪路易斯康在賓大校園內所設計的建築物，簡潔現代的醫學研究實驗室大樓，帶著低調的奢華感。

📢 不可錯過

賓大設計學院建築文物館（Architectural Archives）

💻 www.design.upenn.edu/architectural-archives/louis-i-kahn-collection

🏠 220 S 34th St. at Smith Walk, Philadelphia, PA 19104（Lower Level of the Fisher Fine Arts Library building）

☎ （215）898-8323

🕐 週一～五 9:00 ～ 16:00

🚗 地鐵藍線到第 34 街（34th St. Station）

💲 告知館員因研究或學習所需，並提供證件即可免費入內參訪

建築大師路易斯康的作品

2015 年暑假的週末清晨，我也曾花費 1.5 小時騎著共享單車，從費城第 39 街的住處一路騎到郊區的栗樹丘（Chestnut Hill）地區，找尋路易斯康在 1959 年設計、1961 年完工的房子 Margaret Esherick House，好不容易找到之後非常開心。這棟房子透過幾何光影，水泥、木材、玻璃的簡約搭配，巧妙組成這既現代、典雅又自然的住家。

　　附近還有另外一棟很有名氣的房子 Vanna Venturi House，是建築師 Robert Venturi 在 1962 年設計給母親居住的房子，我亦順道前往欣賞，回程經過 Valley Green Inn 中途休息片刻，品味河岸風光後騎著單車回家，完成當日的建築大師足跡之旅。在我短暫的留學歲月中，能親眼目睹當代建築大師路易斯康在費城的三件作品，也算幸運。

Info

路易斯康的作品

◆ **The Samuel and Ruth Genel House**

🏠 201 Indian Creek Rd, Wynnewood, PA 19096

🚗 在費城車站搭乘 SEPTA 區域鐵路 Paoli／Thornadale Line 到 Overbrook Station 站（車程約 20 分鐘），再步行 15 分鐘即可抵達

◆ **Margaret Esherick House**

🏠 204 Sunrise Lane, Philadelphia, PA 19118

🚗 在費城車站搭乘 SEPTA 區域鐵路 Chestnut Hill East Line 到 Gravers 站（車程約 40 分鐘），再步行 10 分鐘即可抵達

◆ **Richards Medical Research Laboratories**

🏠 3700 Hamilton Walk, Philadelphia, PA 19104

🚗 地鐵藍線到第 34 街（34th St. Station），再步行 15 分鐘即可抵達（建物位於賓大校園內）

古蹟與博物館之最

活化的空間靈魂

獨立廳

費城最著名的景點就數獨立廳了，始建於
1732 年，直到 1753 年才完工，最初作為賓州州議
會使用，1776 年 7 月 4 日，幾位開國元勳與各州
代表在此召開大陸會議，簽署由傑佛遜（Thomas
Jefferson）起草的〈獨立宣言〉，美國正式脫離英
國殖民。獨立廳亦曾為邦聯議會所在地，1787 年 5
月，美國各州代表齊聚在此召開制憲會議，在麥迪
遜（James Madison）的帶領下於同年 9 月 17 日通過
〈美國憲法〉，1789 年美國聯邦政府正式成立，因
此，獨立廳可說是美國誕生的重要場所。

獨立廳周邊廣達 22 公頃的廣場、公園及歷史
建物，在 1950 年代納入獨立廳國家歷史公園，由
美國國家公園管理局（NPS）負責管理，每年到此
一遊的訪客約有 300 萬人，然而在我留學期間曾發
生一段小插曲，2013 年 10 月初，美國聯邦政府因

簡樸優雅的獨立廳鐘樓

獨立廳內的解說員正在介紹美國獨立歷史

獨立廳原貌素描

為預算法案未獲參眾議院通過而被迫停擺（美國年度預算期間為每年 10 月 1 日到隔年 9 月 30 日），當時附近的著名景點都關門大吉、無法參訪。

獨立廳國家歷史公園全區每日開放，遊客服務中心內有許多觀光與旅遊資訊，可以在此瞻仰自由鐘、免費索取附近景點的參觀票券，週末更可在此欣賞現場演奏，我在暑假期間造訪，就在遊客服務中心內聽到一場很獨特的齊特琴（Zither）演奏，清脆美妙的樂音，仿佛置身演奏廳一般。此外，這裡也常有戶外活動，夏季時有許多餐飲業或汽車公司在此舉辦促銷活動，十分熱鬧。

最多名人與政治家參訪的自由鐘

獨立廳國家歷史公園遊客服務中心

在獨立廳附近若要用餐，最有人氣的地方是一棟超過百年歷史的維多利亞建築，名為交易所（The Bourse，法文），這棟大樓於 1895 年興建完成，是美國第一棟以鋼鐵為骨架而興建的大樓，也是美國第一個大宗商品交易中心。目前這棟大樓作為商業辦公室使用，但地下樓有著名的美食廣場（Food Court），約有 30 間餐飲店家，在這裡可以品嚐道地的費城牛肉起司堡、披薩、三明治、墨西哥菜、日本料理等，也有很多獨特的甜點及咖啡店，在這歷史悠久的建物內享用美食與下午茶，格外輕鬆愜意。

The Bourse

🖥 theboursephilly.com/market/

🏠 111 S. Independence Mall E, Philadelphia, PA 19106

☎ （215）625-0300

🕐 10:00 ～ 18:00

🚇 地鐵藍線到第 5 街（5th St. / Independence Hall Station）

自由鐘中心

費城以獨立、自由著稱，除了象徵美國獨立的獨立廳，還有最著名的自由鐘，象徵美國的自由先驅。

為了紀念賓州憲章頒布 50 週年，重達 2,000 磅的自由鐘在 1752 年從英國以船運方式運抵費城，然而在測試鐘聲的時候，鐘卻出現了裂痕，於是由在地的工匠將鐘熔化、重新鑄造，自由鐘上刻著 "Proclaim Liberty Throughout All the Land Unto All the Inhabitants thereof"（向全國人民宣告自由）的銘文，這句話是出自於聖經《利未記》第 25 章第 10 節（Leviticus XXV, v.10, The Bible）。

費城的自由鐘最初懸掛在獨立廳（當時為賓州議會）的塔樓上，當鐘聲響起，可召集立法者舉行會議，也能聚集民眾發布訊息，1776 年 7 月 8 日在此發表〈獨立宣言〉時，也是透過這響徹費城的自由鐘聲昭告民眾。經過幾十年的歲月，自由鐘在 1835 年出現裂紋且逐漸擴大，到了 1846 年，因裂縫過大無法修復而「功成鐘退」。

為了保存這具有獨特意義的文化資產，政府興建了一座玻璃展館，於 2003 年向世界各國的訪客開放，以多種語言介紹自由鐘的起源與歷史，每年約有 200 萬的遊客造訪，體驗美國的自由之聲。

國會大廳
最初的國會山莊

獨立廳的西側為國會大廳（Congress Hall），是美國最初的國會山莊，第一任總統喬治華盛頓與第二任總統約翰亞當斯皆在此宣誓就職。

這棟兩層樓的建物興建於1787年，在兩年後完工，原本當作費城法院使用，在1790～1800年間，費城作為美國的首都，當時的國會大廳即設在此處，一樓是眾議院（The House of Representatives）、二樓是參議院（Senate）的會議廳，因此，美國的參議院也稱為上議院（Upper Chamber），而眾議院則稱為下議院。

舊市政廳
最古老的市政廳

獨立廳的東側是費城的舊市政廳（Old City Hall），這棟建築物於1791年興建完成，曾經是美國最高法院的所在地，自從1800年美國首都遷往華盛頓特區（Washington D.C.），最高法院也跟著遷移，留下這棟聯邦風格的兩層樓建築作為市政廳使用，一直到1854年為止。

總統之家
最簡約的總統官邸

現今位在華盛頓特區的美國總統官邸，前身是位於費城獨立廳國家歷史公園的總統之家（The President's House），其位置就在自由鐘中心的旁邊，美國第一任和第二任總統在位時皆居住於此。然而原址目前並無建築物，只有開放式的建築框架，與名為「建國歷程中的自由與奴隸制度」（Freedom and Slavery in the Making of a New Nation）之展覽，在牆面上展示著美國建國初期的元首事蹟，以及蓄奴、解放黑奴的相關歷史。

美國第一銀行
最早的國家銀行

美國第一銀行（The First Bank of the United States）創立於 1791 年，當時的第一任財政部長漢密爾頓提案設立國家銀行，獲得國會多數通過，由華盛頓總統簽署為期 20 年的特許經營權，位於費城的總行直到 1797 年才興建完成，被譽為美國早期古典復興建築的典範。

美國最早的國家銀行

宣言館與富蘭克林庭院

美國的〈獨立宣言〉是由開國元勳、第三任總統傑佛遜草擬，宣言館（Declaration House）即為傑佛遜當時的住所，低調不起眼的房子十分狹小，路過時總是會被忽視的建築物。

另一位開國元勳班傑明富蘭克林所居住的房子在 1812 年被拆毀，目前所見到的富蘭克林庭院（Franklin Court）為其住所的遺址，由費城出身的著名建築師 Robert Venturi 所設計，他根據考古資料勾勒出房屋的框架，其餘空蕩蕩的，費城民眾遂將此處戲稱為「鬼屋」，其實庭院裡還有一座地下博物館，展示富蘭克林的生平。

貝西蘿絲之屋

星條旗誕生地

第一面美國國旗是由裁縫師貝西蘿絲（Betsy Ross）所縫製，她當年的住所也成了觀光景點。貝西蘿絲之屋興建於 1740 年左右，據說華盛頓將軍在 1776 年造訪此處時，從口袋裡拿出一張親手繪製的星條旗（Stars and Stripes，由 13 道紅白相間的條紋和 13 顆星所構成）草圖，詢問貝西蘿絲可否縫製這面旗幟，她回答：「我不知道，但是我會試試」，於是華盛頓將軍授權她縫製第一面星條旗；1777 年 6 月 14 日，大陸會議決議採用星條旗作為美國國旗，因此，貝西蘿絲之屋也被稱為美國國旗的誕生地。

Tips

步行即可一覽附近所有文化資產，包括國家憲政中心、總統之家、美國第一銀行、基督教堂、貝西蘿絲之屋等。

貝西蘿絲之屋庭園的銅貓雕像

貝西蘿絲之屋一旁矗立的標誌

貝西蘿絲之屋：星條旗的誕生地

基督教堂

基督教堂及墓園

　　至今已有三百多年歷史的基督教堂（Christ Church），不但是費城最重要的教堂，也是美國第一座英國聖公會教堂，於 1695 年興建完成，包括喬治華盛頓、班傑明富蘭克林等開國元勳都在這裡做禮拜，教堂曾在 18 世紀初改建，60 公尺高的尖塔成為當時美國最高的建築物。

　　基督教堂西側的墓園（Burial Ground）是班傑明富蘭克林的安息之處，他一輩子都貢獻在費城，也長眠在費城。這個占地約一公頃的墓園內有著 1,400 個墓碑，包含其他四位〈獨立宣言〉的簽署者，靜靜訴說著美國的歷史，吸引許多遊客到此景仰與緬懷，鮮花與銅幣總是灑滿墓地之上，伴隨在墓碑左右。

基督教堂墓園，開國元勳安息之所在

不可錯過

基督教堂及墓園

- www.christchurchphila.org/
- 20 N American St, Philadelphia, PA 19106
- （215）922-1695
- 教堂｜週一～六 10:00 ～ 12:00，週日 12:30 ～
  17:00，1 ～ 2 月的週一、週二不開放；墓園｜
  3 ～ 11 月，週一～六 10:00 ～ 16:00，週日
  12:30 ～ 16:00；墓園導覽｜週一～六 11:00 ～
  15:30，週日 12:00 ～ 15:30

- 地鐵藍線到第 5 街（5th St. ／ Independence
  Hall Station）；21、42、9 號公車到第 6 街
  （Chestnut St. & 6th St.）
- 教堂｜免費參訪；墓園｜成人 3 美元，5 ～
  12 歲孩童 1 美元；導覽｜成人 8 美元，5 ～
  12 歲孩童 3 美元

城市酒館

最佳國宴場所

　　城市酒館興建於 1772 年，是一棟五層樓高的建物，自 1773 年底開始營業，承載著美國誕生的歷史，1774 年成為國會議員非正式的會議場所，多位開國元勳都是這裡的常客。1777 年 7 月 4 日，城市酒館作為首次美國國慶日的國宴慶典場所，提供華盛頓總統最喜歡的佳餚，他在 1789 年前往紐約參加總統就職典禮途中，也是在此享用過餐點後才啟程前往。

然而城市酒館在 1834 年遭遇祝融之災，很不幸地建築物嚴重受損，往後的幾十年間，這裡幾乎成為廢墟，一直到 1948 年，國會授權國家公園管理局保存獨立廳國家歷史公園內的特定歷史建築，城市酒館也被包含在內，受到聯邦政府的維護，並於 1975 年依據歷史資料重建原始面貌，在 1976 年完工重新開業，及時迎接美國建國兩百週年。

1994 年起由 Walter Staib 取得國會許可經營城市酒館，隨時來此用餐都可以享受到 18 世紀時的美味餐點，我也曾與家人及朋友們在美國國慶日前往，品嚐國宴的歷史滋味。

在城市酒館品嚐 1777 年國宴的歷史滋味

城市酒館提供 18 世紀時開國元勳最喜愛的麵包

 不可錯過

城市酒館

🖥 www.citytavern.com/

🏠 138 South 2nd St at Walnut St, Philadelphia, PA 19106

☎ （215）413-1443

🕐 11:30 ～ 21:00，週五～六 11:30 ～ 22:00

🚗 地鐵藍線往東到第 2 街（2nd St.），出站後沿第 2 街往南步行約 5 分鐘即可抵達；21、42 號公車往東到第 2 街（Walnut St & 2nd St.），在轉角處即可看到酒館

💲 18 世紀歷史風味套餐，供應開國元勳最愛的麵包，含前菜、附湯、主菜、甜點，每人約 60 美元

Tips

不妨邀約朋友，四個人點三份套餐共享，每人約 40 美元。

城市酒館，美國獨立後首次國宴慶典場所

富蘭克林科學博物館

費城最重要的科學教育機構為富蘭克林研究所（The Franklin Institute），創立於 1824 年，用以紀念美國科學家、政治家班傑明富蘭克林，是美國最古老的科學教育研究中心，其中最著名的富蘭克林科學博物館（Science Museum），在 1934 年搬遷至第 20 街與班傑明富蘭克林公園大道的轉角處，第 7 街的舊址現在為費城歷史博物館（Philadelphia History Museum）。

富蘭克林科學博物館由建築師 John T. Windrim 所設計，為古典復興風格的代表建物，一步入科學博物館就會看到一座仿羅馬萬神殿設計的圓形大廳，名為「班傑明富蘭克林國家紀念館」（The Benjamin Franklin National Memorial），這座長、寬、高皆為 25 公尺的大廳，所使用的大理石材都來自義大利、法國、葡萄牙，大廳內有一尊高 6 公尺、重達 30 噸的富蘭克林

親子必訪的富蘭克林科學博物館

坐姿雕像，由藝術家 James Earle Fraser 以白色大理石打造，從這裡一抬頭就可看到壯麗的圓形屋頂，重達 1,600 噸的自支撐圓頂，塑造出氣勢磅礡的空間。

費城的富蘭克林科學博物館是親子必訪之處，一年約有 120 萬人造訪，裡面有各式各樣意想不到的好玩科學遊戲，讓孩子在遊戲中體驗科學、學習新知。記得愛格是在 2014 年 1 月的馬丁路德節（MLK Day）首次參加科學營，那天一大早全家開車送七歲的愛格到科學博物館參加科學營，同年的春假愛格也去了科學營，還有一次是在暑假期間，當時我正在進行博士資格考試，考試結束之後，我從賓大校園步行到科學博物館，與家人在那裡相會，換個環境、深呼吸，享受片刻天倫之樂。

富蘭克林科學博物館前的街景

富蘭克林科學博物館

 **不可錯過**

富蘭克林科學博物館

- 💻 www.fi.edu/
- 🏠 222 North 20th St, Philadelphia, PA 19103
- ☎ （215）448-1200
- ⏱ 9:30 ～ 17:00，感恩節、聖誕節、新年等重要節日休館

- 🚗 地鐵藍線到第 15 街（15th St. Station）、橘線到市政廳站（City Hall Station）下車，從市政廳步行約 15 分鐘即可抵達；搭乘 7、32、33、38、48 號公車，在第 20 街或第 21 街下車，可直達博物館
- 💲 成人 23 美元，3 ～ 11 歲孩童 19 美元

費城音樂學院劇院

費城的南百老街（S. Broad St.）是音樂、歌劇與表演藝術的重鎮，這裡有費城音樂學院劇院（Academy of Music）和金梅爾表演藝術中心（Kimmel Center），若往北百老街走，也有著名的賓州藝術學院（Pennsylvania Academy of the Fine Arts）。

1857 年興建完成的費城音樂學院劇院是美國最古老的劇院廳，在 1962 年被列入國家歷史地標建築，這棟擁有 2,900 席位的劇院建築，是由美國著名的教堂建築師 Napoleon LeBrun（1821 ～ 1901）所設計，他在費城最著名的設計建物為聖彼得與保羅大教堂（Cathedral Basilica of Saints Peter and Paul），音樂學院劇院的設計算是他的一個突破性傑作，其設計理念學習自義大利米蘭 La Scala 歌劇院所展現的華麗風采。

費城音樂學院劇院是費城歌劇（Opera Philadelphia）和賓州芭蕾舞團（Pennsylvania Ballet）的主要表演場所，除了高水準的音樂與戲劇演出，這裡偶爾也會舉辦親子活動，提供免費的音樂與戲劇親子教育。

費城音樂學院劇院
www.academyofmusic.org/
240 S. Broad St, Philadelphia, PA 19102

費城音樂學院劇院

金梅爾表演藝術中心

金梅爾表演藝術中心（Kimmel Center）是興建於 1998 年的現代表演空間，2001 年開幕提供藝術演出，目前是費城管絃樂團（Philadelphia Orchestra）和柯蒂斯音樂學院（Curtis Institute of Music）等八個藝術團體的主要表演場地。當時興建這棟建築耗資 2.35 億美元，由新銳建築師 Rafael Viñoly 所設計，表演中心內有兩大演藝廳，音樂廳擁有 2,500 座席，劇院擁有 650 座席，整體空間設計得很好，在此聆聽欣賞藝文表演堪稱生活在費城的一種享受。

金梅爾表演藝術中心提供 10 美元學生票的優惠，讓經濟能力較差的學生也可以入場欣賞表演，並時常舉辦免費的親子活動或藝文講座，讓民眾從生活中感受藝術。

金梅爾表演藝術中心
- 🖥 www.kimmelcenter.org/
- 🏠 300 S. Broad Street, Philadelphia, PA 19102
- ☎ （215）893-1999
- 售票處 10:00 ～ 18:00，視各項演出時間而定，請至官網查詢
- 🚗 地鐵藍線在第 15 街（15th St. Station）、橘線在市政廳站（City Hall Station）下車，沿南百老街（S. Broad St.）步行 5 ～ 10 分鐘即可抵達
- 💲 視演出而定，票價約 30 美元

- 如果你是年滿 18 歲的學生，記得上網註冊成為會員，將可定期收到 10 美元學生票的優惠通知
- 每日 13:00 會有一小時的導覽活動；每個月會選定一個週六 10:30，提供專業的藝術與建築導覽，都可至服務檯登記免費參加，額滿為止，服務檯每日 10:00 開放。
- 可上網查詢自由捐贈的免費公益表演場次。

費城美術館

費城人與遊客都會造訪的費城美術館，目前名列美國最佳美術館第三名，僅次於紐約大都會藝術博物館（Metropolitan Museum of Art）與波士頓美術館（Museum of Fine Arts Boston），第四名為華盛頓特區的國家藝廊（National Gallery of Art），第五名為紐約現代藝術博物館（MoMA，Museum of Modern Art）。

1876 年，費城為了舉辦盛大的百年慶世界博覽會（Centennial International

Exhibition），在費爾蒙公園設立一座藝廊紀念館，以茲慶祝美國誕生百週年，在博覽會結束之後，作為展館的建物被保留下來，於隔年成立賓州博物館。隨著典藏文物不斷增加，原展館的空間已不敷使用，於是在 1895 年展開新建美術館的設計競圖，到 1907 年才決定於費爾蒙公園大道（現今的班傑明富蘭克林公園大道）盡頭的小山丘上興建一座美術館，其細部工程由建築師 Julian Francis Abele（賓大建築系首位非洲裔校友）設計規畫。

由於當時正值第一次世界大戰期間，美術館的興建計畫受到影響，延至 1919 年才開始大興土木，但是戰後的重建時期，世界各國對石材的需求大增，石材供給的難題讓費城美術館一建就建了 10 年，直到 1928 年才完成目前所見到的全美第三大美術館。

2012 年，我剛抵達賓大求學，第一學期修習都市規劃歷史課程，教授即要求研究生到費城的班傑明富蘭克林大道與費城美術館實地探勘考察一番，然後寫一份報告。記得我在那年 9 月底的週五早上，首次開車帶著妻小一起到班傑明富蘭克林大道，把車子停在大道旁巷內的公共停車格，然後沿著大道一路走到費城美術館。

到達美術館之前會先經過一個橢圓形廣場，名為艾金斯廣場（Eakins Oval），在這個噴水池廣場中央是華盛頓將軍的紀念雕像（Washington Monument），紀念碑底座有各種人物和野生動物的銅像，穿越這座廣場，通過十字路口之後即抵達費城美術館。

全美排名第三的費城美術館

費城美術館前總是有各式各樣的活動

費城美術館除了館內常設展的 13 萬件藝術品之外，最有人氣的就是館外的「洛基階」，1976 年席維斯史特龍所主演的電影〈洛基〉中的場景就是在此拍攝，影片中主角鍛練體能的方式就是在石階上來回跑步，費城美術館前方的階梯因而聲名大噪。

我和家人也曾一起全力奔上多達 72 階的洛基階，站在最上方欣賞費城美麗的都市景觀，記得當日有一位先生主動說要幫我們全家拍照，並且要我們擺出洛基高舉雙手的勝利姿勢，拍完照片後卻向我索討 5 美元的小費；後來我才知道，費城美術館前總會有一些人藉著幫遊客拍照賺取小費，他們會主動幫你拍照，還會教你如何擺姿勢，最後向你索討小費，不過小費可隨意給，1 美元也不嫌少。

費城美術館在每個月的第一個週日都會免費開放入館參觀，每個人的荷包可以省下 20 美元，記得 2013 年 3 月的第一個週日，我們全家去費城美術館看展覽，也

愛格與我在費城美術館內下西洋棋

在美術館裡的餐廳用餐，度過一個愜意的假日。另外，愛格與我曾經在館內展示的古羅馬軍隊和騎士前擺設的棋桌下起西洋棋，一旁的警衛看著我們，揣測兩人的棋藝如何，是否真的會下西洋棋？

每週三的晚間是費城美術館的自由捐贈時段，訪客依照自己的能力決定支付的票價。我曾在 2015 年盛夏的週三晚間到美術館參觀印象派（Impressionist）特展，悠閒地欣賞畫作之際，看到一幅畫中的人彈著琴，竟讓我想起當時遠在臺灣的愛格，練習彈著烏克麗麗的模樣；當天看完展覽，還在大廳巧遇一位曾在賓大修課的學妹，她在 2014 年取得古蹟保存的碩士學位，畢業後一直在費城工作，巧遇的隔天她即將前往舊金山，到一間事務所從事建築文化的古蹟研究，我們也就此互道珍重再見。

當晚八點多步出美術館時，看到館前的階梯上坐了一些人，我問他們在等什麼，他們說等一下會有露天電影，將播放 1976 年在此取景的〈洛基〉，於是我

愛格與我在費城美術館前的洛基階練跑

跟著坐在階梯上，等待九點開始放映的電影。坐在洛基階上欣賞古老的電影，看著影片中在費城拍攝的場景，想著 40 年來費城都市變遷的景象與歷史，影片與實境互相呼應，身為留學生的我感觸良多，別有一番滋味在心頭。

費城美術館前的戶外電影院，等待欣賞〈洛基〉的人群

Tips

費城的三大美術館比鄰而立，可以順道參訪巴恩斯美術館與羅丹美術館，來趟藝文之旅。

巴恩斯美術館

許多名家的畫作都被收藏在費城的巴恩斯美術館（Barnes Foundation）中，這座私人美術館於 2012 年開幕，位於班傑明富蘭克林大道和第 20 街的轉角處，從費城美術館步行 5 ～ 10 分鐘即可到達。

這座美術館主要是紀念因發明抗菌藥物而致富的企業家巴恩斯先生（Albert C. Barnes），他在 20 世紀初開始收藏名畫，目前館內約有 2,500 件藝術品，估計市值超過 250 億美元，其中包括塞尚（Paul Cézanne，69 件）、雷諾瓦（Pierre-Auguste Renoir，181 件）、馬諦斯（Henri Matisse，69 件）、畢卡索（Pablo Picasso，46 件）、莫迪里安尼（Amedeo Modigliani，16 件）的畫作，此外還有許多歐洲繪畫大師的作品，也被收藏在這座私人美術館裡。

就讀費城地區各大學院校之藝術、美術、設計等相關系所的學生，隨時都能免費參訪巴恩斯美術館，我在賓大設計學院就讀的期間，也曾帶著愛格一起去欣賞畫作，或是參加不定期舉辦的免費親子活動，愛格很喜歡館內提供的 iPod 語音導覽系統，依循畫作編碼，一幅一幅地欣賞聆聽，也是一種很棒的藝文體驗。

Info

巴恩思美術館

🖥 www.barnesfoundation.org/

🏠 2025 Benjamin Franklin Parkway,
Philadelphia, PA 19130

☎ （215）278-7000

🕐 11:00 ～ 17:00，週二休館

💲 成人 25 美元，65 歲以上長者 23 美元，學生（須持有效學生證）、13 ～ 18 歲青少年 5 元美金，12 歲以下孩童免費

Tips

每月第一個週日全館開放免費參觀，下午還有免費的親子繪畫，相當值得一遊。

巴恩斯美術館前的藝術立牌

羅丹美術館

費城的羅丹美術館（Rodin Museum）於 1929 年開幕，展出的收藏主要為雕塑作品，用以紀念法國知名雕塑家奧古斯特羅丹（Auguste Rodin，1840 ～ 1917），館內也展示著許多他一生中不同階段的雕塑作品，規模僅次於法國巴黎的羅丹美術館（Musée Rodin，1919 年開幕）。

這座美術館屬於法國學院派的美學建築式樣（Beaux-Arts architecture），是法國新古典建築師 Paul Cret 的作品，館外的開放空間由法國景觀師 Jacques Gréber 依循正統法國花園的設計理念打造而成。這裡擁有超過 140 件的銅器、大理石雕塑，原本是私人館藏，後來創辦人、猶太裔的影劇大亨兼慈善家 Jules E. Mastbaum 將它捐贈給費城市政府，作為送給家鄉的禮物，遂成為公共展館，交由費城美術館營運，讓大眾都能欣賞其中的雕塑作品。

我們全家曾於 2014 年的國際博物館日（IMD，每年 5 月 18 日）到訪羅丹美術館，自由捐贈即可入內參觀，美術館前矗立著羅丹的重要作品〈沉思者〉（The Thinker），一推開門進入館內，就可看到他花了 40 年歲月完成的作品〈地獄之門〉（The Gates of Hell），這兩件雕塑作品可以說是鎮館之寶，愛格對於館內的雕像很感興趣，自己開口要求租借導覽設備，館方會提供一部 iPod 導覽器，戴上耳機、手持導覽器，一件件欣賞自己喜愛的作品，短暫地在此度過美好的時光。

羅丹美術館的鎮館之寶——沉思者

羅丹美術館前的立牌

羅丹美術館

羅丹美術館前的沈思者

羅丹美術館

🖥 www.rodinmuseum.org/

🏠 2151 Benjamin Franklin Parkway,
　Philadelphia, PA 19130

☎ （215）763-8100

🕙 10:00 ～ 17:00，週二休館

💲 成人 10 美元，65 歲以上長者 8 美元，
　學生（須持有效學生證）、13 ～ 18
　歲青少年 7 元美金，12 歲以下孩童
　免費

自由捐贈亦可入館參訪，戶外花園全年
免費開放。

請觸摸博物館

位於費爾蒙公園內的請觸摸博物館（Please Touch Museum）是親子活動的亮點，小朋友可以盡情在遊戲中學習，還有一座旋轉木馬，是最受歡迎的兒童博物館。

這棟紀念美國建國百年的法國學院派建築是由 Herman J. Schwarzmann 所設計，在 1876 年落成時的名稱為費城紀念館（Memorial Hall），當時作為百年慶世界博覽會的藝廊展館，共展出 6 萬件各類藝術品；華麗的建築在一百多年間歷經博物館、錄音室、娛樂中心、警察局等各種不同用途，在 1976 年被指定為國家歷史地標建築，十分值得造訪。

然而這棟老舊建物的整修工程需要巨額資金，費城市政府囿於財政壓力，轉而向民間尋求資助，於是原本位於費城市中心的請觸摸博物館，在 2005 年耗資近 9 千萬美元，讓這棟建築重新展現華麗面貌，並向費城市政府取得 80 年的營運權，融入新形態的利用方式，自 2008 年起作為博物館的新家，造就今日在百年古蹟內的兒童博物館。

我在費城求學期間，每日往返賓大與住家都會路過此博物館，這棟建築物剛好位於校園和我家的中點，每次騎單車經過這裡，就知道路途已經過了一半。此外，我一直記得從這座博物館到費城動物園之間的陡斜下坡路段，道路兩旁佈滿楓葉時的情景極為美麗，但卻有著秋意濃的傷感。在 2015 年春天，紐約的友人攜眷造訪請觸摸博物館，當時熬夜寫論文到天亮的我，從賓大校園步行到博物館與友人會面，短暫一敘留下永恆回憶。

Tips

每個月的第一個週三 16:00 ～ 19:00 入館只需 2 美元。

Info

請觸摸博物館

💻 www.pleasetouchmuseum.org/

🏠 4231 Avenue of the Republic, Philadelphia, PA 19131

☎ （215）581-3181

🕐 週一～六 9:00 ～ 17:00，11:00 ～ 17:00

🚌 38、40 號公車到 Parkside Av & W Memorial Hall Drive 站，下車即可看到博物館；此區很適合騎乘單車，可在費城市區租借 Indego 共享單車，騎乘至此

💲 成人＋ 1 位孩童 19 美元，1 歲以下免費；旋轉木馬｜單次 3 美元，不限次數 5 美元

西蒙尼基金會汽車博物館

費城有一處私人典藏的汽車博物館，名為西蒙尼基金會汽車博物館（Simeone Foundation Automotive Museum），這座博物館位於費城國際機場的附近，沒有公共運輸可以到達，若你打算租車遊費城，且為熱愛古董跑車之人，那麼就絕對不能錯過這裡。

這座 2008 年開幕的私人博物館，原本是製造與維修汽車引擎的工廠，後來西蒙尼先生（Frederick A. Simeone）將工廠買下，重新改裝成為汽車博物館，收藏他花了 50 年歲月所蒐集的古董與現代跑車，目前館內有各時期的 70 款經典跑車，包含全世界的知名廠牌，如 Ferrari（法拉利）、Alfa Romeo（愛快羅密歐）、Bugatti、Mercedes-Benz（賓士）、Jaguar（捷豹）、Bentley（賓利）、Porsche（保時捷）、Aston Martin（奧斯頓馬丁）、Corvette、Ford（福特）等，每一款跑車都有詳細的介紹，就像是一本跑車的百科全書。

除了靜態的展示，汽車博物館最著名的活動莫過於每月第二、第四個週末都會舉辦的體驗日（Demo Days），當日工作人員將博物館展出的經典復古跑車移至戶外停車場，以低速繞圈行駛，讓粉絲們可以親身觸碰這些經典跑車，體現它們的

力與美。另外，汽車博物館也提供場地租借，有各式各樣的派對活動在此舉辦，我曾在 2014 年 5 月到博物館參加義大利之夜，當晚邀請了義大利駐美大使到場，介紹義大利的汽車、文化、歌劇與美食，除了欣賞館內的古董跑車，現場還有義大利舞者精湛的演出，同時享用著義大利美食與葡萄酒，就這樣度過一個結合汽車與藝文欣賞的初夏夜晚。

西蒙尼基金會汽車博物館

🖥 www.simeonemuseum.org/
🏠 6825-31 Norwitch Dr, Philadelphia, PA 19153
☎ （215）365-7233
🕐 週一休館，週二～五 10:00 ～ 18:00 週末 10:00 ～ 16:00

💲 成人 12 美元，65 歲以上長者 10 美元，學生學生（須持有效學生證）8 美元金，8 歲以下孩童免費
🚗 無公共運輸，只能自行開車，輔以 GPS 定位

費爾蒙水廠

在費城美術館旁邊、緊臨著斯庫基爾河岸處，有一座古典又華麗的建築物，造訪費城美術館時，從其後門步行約 5 分鐘即可抵達此處。

回顧 18 世紀末的費城，當時因為水源汙染造成黃熱病盛行，全市有十分之一人口死於該病，於是費城在 1798 年成立水資源委員會，並請美國建築大師 Benjamin Latrobe（1764 ～ 1820）於 1799 年在市中心廣場建造一處供水系統（Centre Square Water Works，該基地為後來的市政廳），透過蒸汽引擎加壓，將河水從斯庫基爾河引入市區的兩個木造蓄水池進行過濾程序，再利用重力供應費城市民所需的乾淨用水，藉此控制黃熱病疫情。

隨著城市快速發展，市中心的水廠不敷使用，需要另覓他處興建更大型的水廠，而 Benjamin Latrobe 擅長希臘／哥德復興式（Greek ／ Gothic revival style）的建築風格，他希望新建的水廠及其戶外公共空間的設計能夠精緻典雅且恆久，此一理念後來由他的得力助手 Frederick Graff（1774 ～ 1847）落實執行，於 1812 年在斯庫基爾河東岸的懸崖邊興建費爾蒙水廠（Fairmount Water Works），1815 年完工營運之後，確實減緩黃熱病的疫情擴散，讓市民享有健康的生活。

費爾蒙水廠於 1909 年退役，其雄偉富麗的建築在 1911 年變更成為費城水族館（Philadelphia Aquarium），直到 1962

年因訪客減少而結束營運，其後荒廢閒置多年。到了 1972 年，美國通過〈潔淨水資源法案〉（Clean Water Act），費城水務局扮演著管理水資源及教育民眾的重要角色，於是開始著手保存費爾曼水廠遺址，並將其恢復為原來樣貌，予以活化再利用。這棟建築物在 1976 年被指定為國家歷史地標，並在 2003 年重新開放，作為費城的水資源教育中心與博物館，除了有許多遊客到此參訪，這裡也是費城人拍攝婚紗、舉辦婚禮的熱門場地。

我在費城求學期間，總喜歡從大學城騎著單車經過費城美術館，再一路騎乘到這棟美麗的建築物前，欣賞斯庫基爾河的河岸景致，然後沿著河岸旁的單車道回到家中。另外，我也常搭乘 44 號公車往返費城與郊區之間，行經高速公路時，總是會看見這棟典雅的建物和一旁的船屋，冬季時，冰封的斯庫基爾河搭配佈滿白雪的博物館，猶如明信片一般的美景；春季時，河岸旁盛開的櫻花如詩如畫，美麗極了，是在費城欣賞櫻花的最佳場所。

位於費城美術館旁的費爾蒙水廠

費爾蒙水廠旁的河岸有許多獨特且華麗的船屋

 Info

費爾蒙水廠

🖥 fairmountwaterworks.org/

🏠 640 Waterworks Dr, Philadelphia, PA 19130,

☎ （215）685-0723

🕐 週二～六 10:00 ～ 17:00，週日 13:00 ～ 17:00

🚗 地鐵藍線到第 15 街（15th St. Station）、橘線到市政廳站（City Hall Station）

Ⓢ 免費參訪

費城野溪

費城獨特街區
徘徊、迷路、流浪

小義大利區
義大利市場

費城南 9 街（S. 9th St.）的義大利市場（Italian Market）周邊被稱為小義大利區（Little Italy），顧名思義就是充滿濃濃義大利風味的街區，這裡也是電影〈洛基〉的主要場景。此特色街區的發展可追溯到 19 世紀末，早在 1884 年左右，大量的義大利移民湧入費城，定居在這個地區，由於新移民對採買新鮮食物的需求，於是街道兩旁成為露天的傳統市場，整條街有不少店家販售各式乳酪、海鮮、肉品、番茄蔬果、義大利麵食、餐具食器等；攤商在戶外騎樓賣起生鮮食材，雖然沒有超市來得乾淨衛生，但小義大利區有著濃濃的人情味，讓人覺得十分富有生命力。

1910 年代，正值第一次世界大戰，當時費城物價狂飆，食物短缺、糧食囤積等問題接踵而至，不需經過中間商分銷的義大利市場，扮演起提供平價食品的角色，市場的範圍就此漸漸擴大；1915 年，義大利移民的第二代成立了南 9 街商人協會，獲得政府批准成立正式的街邊市場（Curb Market），但是和其他街邊市場一樣，存在著環境衛生、垃圾清運等問題。第二次世界大戰後，義大利市場的構成開始發生變化，韓國、越南、中國、墨西哥、中美洲的移民也紛紛加入，時至今日，持續提供生鮮食物與特色食品的義大利市場，成為費城的重要街區與地標，在此可享受平價美味且道地的義大利餐點，深受遊客歡迎。

南 9 街的市集標誌

〈洛基〉的誕生地，義大利市場

道地義大利餐館 Villa Di Roma

費城極具歷史的義大利市場

記得 2013 年暑假，我和內人首次搭乘公車到小義大利區，兩人去一家很道地的義大利餐館 Villa Di Roma 用餐，點了義大利麵和豬排燉飯，享用沛羅尼（Peroni）啤酒，這家餐館的義大利餃（Ravioli）、

肉丸（Meatball）和義大利麵（Spaghetti）都很好吃，再加上煎餅捲（Cannoli，西西里島傳統甜點）、配著義大利啤酒，真是一種簡單低調的享受。

義大利市場
- italianmarketphilly.org/
- 919 S 9th St. Philadelphia, PA 19147
- ☎（215）278-2903
- ⏰ 週二～六 8:00 ～ 17:00，週日 8:00 ～ 15:00
- 🚗 48 號公車到 8th St & Carpenter St 站，下車即達

Villa Di Roma
- www.villadiroma.com/
- 936 S 9th St, Philadelphia, PA 19147
- ☎（215）592-1295
- ⏰ 週日、週二～四 12:00 ～ 22:00，週五、週六 12:00 ～ 22:30
- 💲 一人約 20 美元

艾爾弗雷斯小巷
最古老的住宅區

美國最古老的住宅區巷道，名為艾爾弗雷斯小巷（Elfreth's Alley），其歷史可追溯至 1702 年，巷道名稱是以當地居民、鐵匠 Jeremiah Elfreth 命名，那時候巷道兩旁居住的多是艾爾弗雷斯的家族成員或商人。目前艾爾弗雷斯小巷共有 32 間房子，主要興建於 1728 ～ 1836 年，為喬治亞式（Georgian）和聯邦風格（Federal style）的建築物，街道上的鵝卵石鋪面，也是 18 世紀時費城的在地特色。

美國最古老的住宅區巷道

艾爾弗雷斯小巷

由於 19 世紀末、20 世紀初的產業轉型，加上許多移民遷入費城，這個地區當時主要由愛爾蘭人所居住。到了 1934 年，為保存此巷道的古老建物，避免房子被屋主拆除重建，一群有志之士催生了艾爾弗雷斯小巷協會（Elfreth's Alley Association），讓這個街區得以保留 300 年來的歷史風貌，也成為國家歷史地標，每年吸引無數的遊客前往造訪。

艾爾弗雷斯小巷兩旁的典雅建物

Elfreth's Alley Museum House

🖥 www.elfrethsalley.org/

🏠 124-126 Elfreth's Alley, Philadelphia, PA 19106

☎ （215）574-0560

🕐 週五～日，徒步之旅｜ 12:00 ～ 17:00，街巷導覽｜ 13:00、15:00（週日）

🚃 地鐵藍線到第 5 街（5th St / Independence Hall Station），或 21、42、9 號公車到第 6 街（Chestnut St. & 6th St.），步行 5 ～ 10 分鐘即可抵達。可順道走訪貝西蘿絲之屋、基督教堂及墓園

雅痞文化

　　費城南街（South St.）最著名的是壁畫藝術（Mural Art）、爵士酒吧和水煙館，還有一處名為費城魔幻花園（Philadelphia's Magic Gardens）的博物館於 2004 年開幕營運，原本荒廢的私人建物，現在裡裡外外都充滿了馬賽克（Mosaic）與壁畫藝術，是居民由下而上自主發起的街區再造，也是空屋活化的最佳示範。

　　事實上，自 1960 年代起，遷居到南街的 Zagar 與 Julia 夫婦就致力於美化該街區，他們突發奇想地透過回收各種玻璃瓶，敲碎之後嵌入老屋的牆壁上，或在公共空間拼拼湊湊、營造出獨特的馬賽克藝術，後來更結合塗鴉藝術家的創作，在建物外牆加上大型壁畫，改造無人居住的房屋與空地。經過幾十年的努力，才成就了今日的費城魔幻花園，成為費城的重要景點。

費城魔幻花園入口，空屋再利用的最佳案例

南街建物外牆的壁畫藝術

南街有不少特色餐廳、酒吧，其中有一家 Bob and Barbara's Lounge，在南街上經營了 20 多年，是費城最佳的爵士酒吧，每個週末晚上都有爵士樂團現場演奏，直到凌晨兩點，是酒吧風格的爵士饗宴。

這個街區還有一項特色，就是源自於阿拉伯國家的水煙（Hookah），一開始我以為那些人在店內吸食毒品，後來一探之下才知道是水煙。這裡的店家販售各式各樣的精美玻璃水煙管以及電子式煙管，我也曾帶友人到此購買電子煙管的填料，店裡有著各種水果口味的填料。另外，這區還有許多提供顧客吸食水煙的餐廳。

費城南街的水煙天堂

不起眼的著名爵士酒吧

南街上的商店裝飾

🖥 www.visitphilly.com/things-to-do/attractions/south-street/

🚌 地鐵橘線到 Lombard South Station，或 4、27、32、40 號公車到 South St. & Broad St. 站。

◆ **費城魔幻花園**

🖥 www.phillymagicgardens.org/visitor-information/

◆**Bob and Barbara's Lounge**

🖥 www.bobandbarbaras.com/

First Unitarian Church of Philadelphia

高級住宅區

費城最高級的住宅區位於胡桃街與里滕豪斯廣場周圍，從市政廳往西南方步行約 10 分鐘，即可抵達第 18 街附近的里滕豪斯廣場，著名的柯蒂斯音樂學院也在一旁。

在 2014 年底，里滕豪斯廣場附近的高級住宅登上當時全美租金最貴的住宅排行榜第 13 名，只有一房的公寓每月租金要價 1,860 美元。此外，大學城附近的房租也越來越貴，位於第 37 街的新建出租公寓（約 15 坪大小的

里滕豪斯廣場附近的公寓

一房型公寓），在 2016 年時的租金從每個月 1,805 美元起跳。因此，在費城想要居住在環境品質佳的地段，所需付出的房

租成本不低，光是大學城內我所住過的研究生宿舍（屋齡 40 年的單身宿舍，3 坪大小、沒有廚房），每月租金也要 1 千美元左右。

無論里滕豪斯廣場或大學城附近地區的發展，由於環境品質和居民素質提升，住宅的房價與租金只有不斷高漲的趨勢。

First Presbyterian Church of Philadelphia

The Lutheran Church of the Holy Communion

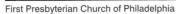

排屋老宅

費城都市發展得早，許多地區的住宅屋齡都已超過百年，老宅成為費城的特色。這些大量興建的磚造排屋約莫建於 1850 ～ 1920 年間，2 ～ 3 層樓的連棟建物門面很窄，但進深很長。事實上，這類型的老宅在費城、紐約、波士頓等地都看得到，但在每個都市的稱呼不同，在紐約，這種老宅稱為「Walk-Up」，因為建物門口有臺階供人上下；在波士頓，這種老宅稱為「Brown Stone」，因為建物地基是以赤褐色的石頭砌築而成；在費城，這老宅稱為「Row House」，因為建物是沿著街道成排興建。

費城的排屋，從不同的門窗造型可知道長幼尊卑的居所

廣場公園與戶外場所

黑暗中的不熄之光

四大廣場公園

　　費城最著名的城市規劃就是市區的廣場公園，以市政廳為中心點，在東北、東南、西南、西北四個方向 1 英哩處（約 1,600 公尺，步行 15 分鐘左右），等距離規劃出四座廣場公園，東北方為富蘭克林廣場、東南方為華盛頓廣場、西南方為里滕豪斯廣場、西北方為羅根廣場，若是少了廣場公園，費城就像失去靈魂。

　　華盛頓廣場公園內有座無名戰士墓，紀念在革命戰爭期間死亡的士兵，永恆的火焰在紀念碑前熠熠生輝，紀念碑上刻著 "Freedom is a Light for which Many Men Have Died in Darkness"（自由是黑暗中閃爍的光）。羅根廣場公園則是以青銅鑄造的天鵝紀念噴泉（Swann Memorial Fountain）為主，從四面八方射出的強勁水柱，猶如生命的韌性與永不妥協。

　　費城的四大廣場公園各具特色，建構出費城的現代都市樣貌，沒有它們，費城肯定少了靈魂。

華盛頓廣場公園內的無名戰士墓

羅根廣場公園內的噴水池

愛公園
甘迺迪廣場

　　費城有著「兄弟友愛之城」的美譽，「愛」與「尊重」是費城重要的文化資產，只要是費城的居民，無論是運動員、工程師、作家、記者、律師、教師、醫生、護士、慈善家、政治家、建築師等，具有特殊貢獻者都能在此名留青史，由賓州歷史與博物館委員會（PHMC）挑選適合的地點，樹立高約 2.5 公尺的鐵鑄標誌，以茲紀念。例如 19 世紀提倡土地稅制改革的亨利喬治（Henry George），在他住所前面的紀念標誌寫著 "Tax socially produced land values"（對社會發展造成的土地增值徵稅）；在建築大師路易斯康的建築事務所舊址前，紀念標誌上寫著 "Among the foremost architects of the late 20th century"（20 世紀後期最重要的建築師）。

尊重各行各業是費城無形的文化資產

費城市政廳旁邊的愛公園，是費城最著名的空間規劃師埃德蒙貝肯的傑作，他的理念塑造了費城的都市景觀，贏得費城人的敬重，在公園入口處立著紀念他的鐵鑄標誌。

這座 1965 年啟用的公園，是費城人與遊客最愛的景點之一，也是戀人約會地點的首選，每個週末、情人節、聖誕節，總是有許許多多的情侶在此約會，尤其是情人節，在公園噴水池旁的〈LOVE〉雕塑前拍照，留下愛的見證。1976 年為祝賀美國建國 200 週年，這件〈LOVE〉雕塑被安置於此，原名甘迺迪廣場（JFK Plaza）的公園，也從此被人們稱呼為愛公園。

愛公園的噴水池水柱可達好幾層樓高，夏季時在這裡戲水的人潮很多，我也曾和愛格在這公園的噴水池玩了許久，讓水柱所產生的水花濺溼全身，在炎熱的夏季是一種舒服的體驗；另外，噴水池旁的階梯是費城滑板族的最愛，總是聚集了許多滑板客，可在此欣賞他們的酷炫特技。過去費城市政府曾於 2002 年嚴禁民眾在此溜滑板，當時高齡 92 歲的埃德蒙貝肯挺身而出，反對市政府禁止民眾在愛公園溜滑板的政策，甚至挺著年邁的身軀，在他所設計規劃的愛公園溜起滑板，事後費城市政府才取消限制民眾在此玩滑板的禁令，愛公園也在今日成為滑板族的天堂。

費城市區最著名的愛公園

費爾蒙公園
最大的城市河岸公園

17 世紀時，由威廉潘與湯馬士何姆（Thomas Holme）制定了費城最初的都市規劃，在市區佈局五大廣場公園，提供健康城市所需的綠色空間，西南方為里滕豪斯廣場、西北方為羅根廣場、東北方為富蘭克林廣場、東南方為華盛頓廣場，中心廣場即為後來的市政廳。

到了 1790 年代，費城黃熱病盛行，市民需要乾淨的水資源，於是政府規劃建造供水設施，在 19 世紀初於水源地斯庫基爾河畔興建費爾蒙水廠，減緩了疫情的擴散；並沿著河岸兩旁進行綠地保育工作，透過綠地淨化流入河中的水資源。

費城市政府自 1850 年代開始建構完整的費爾蒙公園（Fairmount Park）體系，斯庫基爾河將公園分為西側公園和東側公園，總面積達 2,800 公頃，約相當於 9 座紐約中央公園之大，目前是美國面積最大的都會地景公園，也是世界前十大的公園。

費爾蒙公園內的日本庭園

西費爾蒙公園的史密斯紀念拱門（Smith Memorial Arch）　史密斯紀念拱門上的精緻銅雕

　　費爾蒙公園是我騎乘單車往返住家與校園的中繼站，這是一位鄰居友人建議的路線，2012 年秋天我剛到費城，還不熟悉路況，從危險的蘭卡斯特大道（Lancaster Ave.）騎單車到校園，鄰居就列印了一張地圖，並親手標示這條安全的單車路線給我。從大學城翻山越嶺回到賓州的公寓，途中必經費爾蒙公園、請觸摸博物館、費城動物園，沿著斯庫基爾河岸的帶狀公園騎乘，一路上空氣清新，一邊騎車、一邊欣賞楓葉，是我在緊湊課業下最好的舒壓活動。內人在美國學開車，首次自行駕車離開郊區住家，就是前往費爾蒙公園。

　　春天適合到費爾蒙公園欣賞櫻花，費城每年都會在此舉辦賞櫻季活動，是全市最著名的活動之一。2013 年與 2014 年的春季，我和內人從住家騎著單車到費爾蒙公園，在這裡賞櫻春意盎然、自在愜意，不必大老遠從費城塞車到華盛頓特區，費爾蒙公園的櫻花實在是美極了！此外，這裡也有日本庭園（Japanese Garden），可欣賞日式園藝景觀。

費爾蒙公園裡還有一棟俄亥俄之屋（Ohio House），提供很棒的美國中西部農莊餐點（目前停業）。1876 年美國建國百年時，各州在費爾曼公園舉辦百年慶世界博覽會，當時所興建的展覽館建物，目前僅存費城美術館與這棟俄亥俄之屋。記得 2014 年初夏，當時我剛完成博士班的學期報告，為了放鬆心情，全家在週末一早開車到俄亥俄之屋享用早午餐，那是我們第二次到此用餐，當日（5 月 10 日）巧遇該歷史建物的 138 週年慶，於是老闆請我們吃蛋糕，度過了美好的短暫早午餐時光。

　　每年 6 月，費城都會在費爾蒙公園和斯庫基爾河岸旁舉辦鐵人三項競賽。記得 2013 年參加費城三鐵，與來自紐約州、德拉瓦州的兩位友人共同組隊，比賽前一天一起住在費城郊區的旅館，當日清晨四點起床，五點多抵達現場，準備出賽。一開始的游泳項目是躍入斯庫基爾河游 1,500 公尺，八點開始騎單車環繞費爾曼公園，挑戰全長 24.8 英哩的賽程，九點半開始在馬丁路德大道（Martin Luther King Jr. Drive）完成 6.2 英哩的短程馬拉松。當時我們的隊伍取名為福爾摩沙（Team Formosa），花了 2 小時 53 分抵達終點，完成在費城的首次三鐵，衝過終點線時看見友人扛著兒子在等著我，當下還蠻感動的。完賽後在公園內休息，享用大會所準備的粗鹽德國結麵包（Soft Pretzel），補充體力。

在費爾蒙公園內的日本庭園賞櫻

史密斯紀念拱門底部的耳語牆（Whispering Bench）

每年 6 月在費爾蒙公園舉辦的費城三鐵

費爾蒙公園

🖥 www.visitphilly.com/outdoor-activities/philadelphia/fairmount-park/

🚗 此區很適合騎乘單車前往，可以在費城市區或費城美術館前租借 Indego 共享單車；許多公車都會經過
公園外圍，從費城美術館後門步行 5 ～ 10 分鐘即可抵達

史密斯紀念遊樂場
別具創意的遊樂天堂

東費爾蒙公園內有一處史密斯紀念
遊樂場（Smith Memorial Playground &
Playhouse），是我的鄰居友人 James A.
Strazzella（1939 ～ 2017）所推薦的最佳兒
童遊樂場，雖然在偌大的公園內確實需要
花點時間找尋，但是很值得一遊，在別的
地方絕對玩不到這樣的創意遊樂場。

戶外創意遊樂場

這裡的每項戶外遊戲都盡可能地利用
獨有的自然資源，在眾多別具巧思的遊樂
器材中最有名的是巨型木造滑梯（Wooden
Slide），坐在麻布袋上往下滑，是很特別
的體驗。這個兒童遊樂天堂由非營利組織
管理，自 2003 ～ 2013 年間，共募集了 1
千萬美元打造這座兒童樂園，提供小朋友
一處免費的創意遊樂場。

大型木造滑梯

史密斯紀念遊樂場

🖥 smithplayground.org/

🏠 3500 Reservoir Dr, Philadelphia, PA 19121

☎ （215）765-4325

🕐 遊樂場｜ 4 ～ 9 月，週二～五 10:00 ～
18:00、週末 10:00 ～ 19:00，10 ～ 3 月，週
二～日 10:00 ～ 16:00；遊戲室｜ 4 ～ 9 月，

週二～五 10:00 ～ 16:00、週末 10:00 ～ 18:00，
10 ～ 3 月，週二～日 10:00 ～ 16:00

🚗 32 號公車到第 33 街和牛津街口（33rd St &
Oxford St），步行約 5 ～ 10 分鐘即達；3 號公
車週末有直達車

Ⓢ 免費

迪爾沃思公園

費城市政廳外的開放廣場於 2014 年完成景觀再造計畫，名為迪爾沃思公園（Dilworth Park），用以紀念 1950 年代末擔任費城市長的 Richardson Dilworth。

於秋季重新啟用的公園廣場，在 11 月之後是座露天的滑冰場，也會用來舉辦活動和滑冰派對。到了隔年 4 月春天時，廣場在假日搖身一變成為露天音樂廳、街舞區、農夫市集等，也是朋友歡聚享用啤酒的最佳場所；總是有不少人隨著戶外的音樂聲跳起街舞，有時候連附近的流浪漢也一同加入，舞步絲毫不遜色，這種自我、愛秀、不在乎他人眼光的態度，似乎是費城人的特性。到了 7 月的仲夏，公園廣場就成為戲水的天堂，另外，許多商家經常在此舉辦促銷活動，甚至還會有模特兒走秀。

從冬季的露天滑冰場變身為夏季的噴水池，公園廣場的用途十分多元，記得愛格最喜歡在仲夏傍晚到迪爾沃思公園戲水，總是被水柱噴得全身溼透才肯回家。

多功能的迪爾沃思公園，夏季是噴水池，春、秋兩季作為市集，冬季是滑冰場

費城動物園
美國首座動物園

費城動物園（Philadelphia Zoo）位於斯庫基爾河岸旁，靠近費爾蒙公園的吉瑞德大道（Girard Ave.），占地 17 公頃，是美國的首座動物園。其歷史可追溯到 19 世紀末，費城動物學會於 1859 年獲得賓州立法成立，準備籌資興建一座公共動物園，然而不久之後，美國爆發了南北戰爭（1861 ～ 1864 年），動物園延後 15 年才完成興建，於 1874 年 7 月 1 日開幕。當時入園門票為成人 25 美分、孩童 10 美

分，動物園擁有自己的火車站和碼頭，大部分的遊客乘坐街車、騎馬或步行前往，也有不少遊客搭船從斯庫基爾河上岸到動物園。

費城動物園的催生者是卡麥醫師（Dr. William Camac），他希望讓當時移居美國的人民可以有機會探索更多境外的動物，並且具有科學研究與教育傳播之功用。費城動物園不大，採緊密式的規劃，逛完整個園區也不必花太久時間，入園處的經典維多利亞拱門與馬車屋，是由費城著名的建築師 Frank Furness 所設計，另外，動物園內有一棟兩層樓的歷史建築物名為 The Solitude，是賓州創立者威廉潘之孫約翰潘（John Penn）的住宅，1784 年興建完成的莊園是費城最精緻的新古典式樣建築，當時曾在這棟建物內接待過美國首位總統喬治華盛頓。

費城動物園擁有的動物超過 1,300 隻，其中包含多種稀有或瀕臨絕種的動物，園內的體驗環境相當友善，可以近距離與動物們互動，獵豹（Cheetah）、加拉巴哥島巨龜（Galapagos Giant Tortoises）、西部低地大猩猩（Western Lowland Gorilla）、北極熊（Polar Bear）、河馬（Hippo）、長頸鹿（Giraffe）等，都是動物園的明星，每年吸引著 140 萬名遊客造訪。

費城動物園提供孩童體驗騎乘駱駝

費城動物園入口

費城動物園是當地小學進行戶外教學的重要場所

重達 500 公斤的加拉巴哥島巨龜

2012 年深秋，我與友人攜眷首次拜訪費城動物園，兩家人分乘兩輛車一起到動物園，那時初抵美國，對於很多的消費物價都覺得貴，為了省下每輛車 15 美元的停車費，我與友人將車子開到稍遠處的費爾蒙公園，免費停放在路旁，然後再把我放休旅車內的兩輛自行車搬出來，一起騎到動物園與家人會合。記得 11 月的費城天候寒冷，氣溫約在 5℃ 左右，當日風又大，感覺特別冷，入園後休息片刻，拿出自己在家煮的茶葉蛋，嚐著鄉愁的滋味。

另外，在 2015 年盛夏，我帶著愛格準備從大學城搭公車前往動物園，學校的朋友建議我利用 Uber 服務叫車，從大學城到費城動物園只需 6 美元，比兩個人搭公車便宜且方便。那天來接我們的是一輛紅色別克汽車，年輕的駕駛告訴我這算是他的副業，一週兼職 3 天充當 Uber 駕駛，傍晚五點以後就收工了，每週可以賺 300 美元左右；他還說有些朋友很勤奮地從事 Uber 駕駛，每週可以賺入 800 美元。

此外，他說 Uber 在 2009 年從舊金山發跡，建立一套評比系統，讓乘客可以上網評比所搭乘的 Uber 車輛與駕駛所提供的服務品質，而 Uber 駕駛也可以評價乘客的素質，這種雙向的評比機制都是藉由手機的應用程式完成，如果 Uber 駕駛的評比不佳，也可能會被取消 Uber 駕駛資格。10 分鐘的車程，聊著聊著一下子就到了動物園，下車時不需現金付費，而是透過信用卡線上支付方式收費，這也是愛格和我在費城使用 Uber 服務的初體驗。

費城動物園是費城地區小學生戶外教學的首選之地，愛格念一年級時，學校也曾在此舉辦戶外教學。由於曾經參加戶外教學活動，愛格比我更熟悉動物園的環境，這次我們一進到動物園，愛格就向我介紹很多動物，也帶著我去靈長類動物保護區（PECO Primate Reserve），還淘氣地稱呼牠們為小屁猴。

我們也在戶外看大烏龜，重達幾百公斤的巨龜，連排泄物都很驚人；還有一處兒童動物園（KidZooU），可以讓遊客伸手觸摸動物，幫小羊與小馬刷刷毛髮，愛格也教我如何用刷子梳牠們的毛髮；我們還看到不少水鳥和鴨子，有一群水鴨很厲害，牠們會把頭埋進水裡，倒立著潛水，只露出腳蹼在水面上。當我拿起手機想要拍照時，手機卻突然掉進圍籬內，還好沒有掉進水池裡，我本來想自己跳進去撿，但是想了一下，還是請動物園的工作人員幫忙，正好有一位女性工作人員路過，進入圍籬幫我撿回了手機，我對她說：「幸好這一區是水鴨區，沒有老虎或獅子」。

愛格與我在費城動物園內坐天鵝船遊湖

中午時分肚子餓了，我們就在動物園裡購買德國結麵包和印著大金剛的瓶裝可樂，在角落的桌椅享用簡單的午餐。然後去看大金剛仰躺著享受日光浴，還不忘舉手遮住自己的眼睛，防止紫外線的強光。最後，愛格說他知道哪裡可以乘坐天鵝船，我們看到池塘、也順利找到天鵝船，原本打算繞個三圈就好，但實在是太有趣了，愛格玩得不亦樂乎，就這樣一直繞了許久。

玩累了準備回家時，還看到敏捷的獵豹（Cheetah），Cheetah 這個單字也可以用來代表動作敏捷的人，我記得有位

費城動物園內的大猩猩

賓大的研究員就把我的指導教授形容為 Cheetah，因為我的指導教授很忙碌，動作很快，總是來匆匆、去匆匆，很難抓到她的空檔談事情，若是能預約到教授的時間，研究員就會對我說：「Get the Cheetah！」

那天傍晚愛格與我步出動物園的側門，前方是費城第 34 街的一座路橋，驀然回首，看著這幾年我每日騎著單車往返住家與校園的路徑，當時楓葉已黃、氣候已涼，想念的季節到來，愛格和我就這樣從動物園慢慢地走回在費城第 39 街的家。

費城動物園

- www.philadelphiazoo.org/
- 3400 W Girard Ave., Philadelphia, PA 19104
- （215）243-1100
- 3 ～ 10 月 9:30 ～ 17:00，11 ～ 2 月 9:30 ～ 16:00
- 公車或地鐵無法直達，訪客多自行駕車前往；建議使用 Uber 服務，最為方便且經濟實惠；從費城車站往北步行約 30 分鐘即可抵達
- 成人 24.95 美元，2 ～ 11 歲孩童 19.95 美元，2 歲以下免費

威色西肯峽谷公園
印第安人的秘境

費城西北方有一條野溪，名為威色西肯溪（Wissahickon Creek），在 17 世紀以前這條溪流附近居住著印地安人（美國原住民 Lenni Lenape 部落），Wissahickon 是印第安語，意思是黃色的溪流（Yellow Colored Stream）或是鯰魚溪流（Catfish Creek）。

彷若仙境的威色西肯溪

威色西肯峽谷公園（Wissahickon Valley Park）是費城最棒的一處野外公園，除了可以欣賞美麗的溪流、峽谷中的野雁與水鳥，也可以走一趟原始的碎石步道（名為 Forbidden Drive），這條步道在殖民時期是供馬車行走的碎石路，目前僅供單車、人行使用，汽車無法進入，偶爾也會有人騎著馬經過。

此外，公園內有一家著名的餐廳——綠色峽谷（Valley Green Inn），這是一位鄰居友人告訴我的私房秘境，這家餐廳早期是作為驛站使用，旁邊還有馬廄，可以在餐廳外享用咖啡或餐點，與大自然共處，別有一番滋味。

家人與友人最愛在春季來到威色西肯峽谷公園，靜靜待上一天，遠離都會喧囂，漫步自然步道，聆聽溪流合唱，沉澱心靈，重拾能量，看著美麗的溪流生態，仿如置身仙境。

春天的威色西肯溪畔是最佳的賞鳥景點

騎乘共享單車到威色西肯溪畔的綠色峽谷餐廳

 Info

威色西肯峽谷公園

🖥 www.fow.org

🏠 120 W. Northwestern Avenue Philadelphia, PA 19118

☎ （215）247-0417

🕐 全年開放

🚗 自行駕車輔以 GPS 定位才能抵達的秘境，單車族可在市區租借 Indego 共享單車，騎單車約一個多小時可以到達

綠色峽谷

🖥 www.valleygreeninn.com/

🏠 Valley Green Road at Wissahickon, Philadelphia, PA 19128

☎ （215）247-1730

🕐 午餐｜週一～五 12:00 ～ 16:00，週六 11:00 ～ 16:00；晚餐｜週日～四 17:00 ～ 21:00，週五～六 17:00 ～ 22:00；早午餐｜週日 10:00 ～ 15:00

💲 每人約 40 美元

長木花園

溫室前的睡蓮池

位於費城西南方郊區的長木花園（Longwood Garden）占地 436 公頃，最早是印第安人（Lenni Lenape 部落）打獵、捕魚、耕種的地區，在 1700 年由喬治皮爾斯（George Peirce）購入並開墾成為農場，到了 1730 年才建立一座磚造農舍。18 世紀末，皮爾斯家族的後代開始打造一座植物園，1850 年時植物園的植栽、園藝已頗具規模，自詡為全國最佳的植物園之一，並成為當地人的戶外活動場所，當時很多家庭聚會或野餐都在這座皮爾斯公園（Peirce's Park）舉行。

隨著時間推移到了 20 世紀，皮爾斯家族的繼承人對於經營植物園興致缺缺，於是就任由園區漸漸凋零，幾經轉手之後，在 1906 年初將整個園區的樹木交由伐木業者移除。當時，美國杜邦公司總裁皮埃爾杜邦（Pierre S. du Pont，1870～1954）得知園區百年老樹將被砍伐的消息後，為了保護這些老樹，他大手筆買下整片區域，擴建了原本的農舍，並以一座溫室連接新舊屋舍，在 1915 年作為結婚禮物送給夫人 Alice Belin。目前該建物作為展館對民眾開放，取名為杜邦之屋（Peirce-du Pont House）。

最初，皮埃爾設計了一座 600 英呎長的老式花園步道，將這裡打造成自己和友人們欣賞園藝、舉辦派對的私人招待處所，後來他又陸續尋找多位知名建築師和景觀設計師，大興土木著手建造義大利流水花園（Italian Water Garden）、噴泉庭院（Main Fountain Garden）等，這座噴泉庭院是整個長木花園的經典，其噴泉秀堪稱一絕。

1950 ～ 1960 年代，長木花園的規劃轉向公眾和教育，建立了實驗溫室、育種苗圃、睡蓮池、商店、遊客中心和停車場等，成為周邊地區著名的休閒遊憩場所，是費城郊區最重要的觀光景點，自 2012 年起，每年的訪客都超過 100 萬人。

我和家人曾在 2015 年夏季花 1 個小時從費城開車到長木花園，在園區的露臺餐廳用餐，享受窗外極致的園藝與風景，此處地廣人稀，可以悠閒地欣賞美妙的園藝景觀與花草樹木。

長木花園

🖥 longwoodgardens.org/

🏠 1001 Longwood Rd, Kennett Square, PA
19348

☎ （610）388-1000

🕘 9:00 ～ 18:00，夏季週四～六延長開放至
22:00

🚗 屬於賓州郊區，需自行駕車輔以 GPS 定位，從
費城市區到此要一個多小時才能抵達

💲 成人 23 美元，62 歲以上長者或大學生 20 美元，
5 ～ 18 歲青少年 12 美元，4 歲以下免費

弗吉峽谷國家歷史公園內的華盛頓紀念教堂塔樓

華盛頓將軍在寒冬中駐紮於弗吉峽谷

弗吉峽谷
華盛頓將軍的獨立基地

　　費城西北方的郊區有一處弗吉峽谷
（Valley Forge），是美國獨立戰爭時期華
盛頓將軍駐紮的營地，目前由國家公園管
理局管理，名為弗吉峽谷國家歷史公園
（Valley Forge National Historical Park），
這裡有最美的風景與最詳盡的美國獨立戰
爭歷史導覽。

　　回顧 1777 年 12 月寒冬，由華盛
頓將軍所率領的一萬多名大陸軍隊
（Continental Army），面臨近兩萬名的
英國軍隊從東邊的紐澤西進攻，決定往西
北尋找基地紮營練兵，於是來到弗吉峽谷
的制高點，既可一覽無遺地監視英軍的動
向，又可作為向東反攻的基地。但是當時
天寒地凍，極度缺乏糧食，約有 2,000 名
士兵死於營養不良導致的疾病蔓延，度過
了一個艱辛的寒冬；到了 1778 年 6 月，
華盛頓將軍率兵向東反攻，終而戰勝，贏
得美國獨立，因此，弗吉峽谷可說是美國
的獨立基地。

弗吉峽谷國家歷史公園內保存的軍隊營房

弗吉峽谷國家歷史公園內的華盛頓將軍指揮所

拜訪弗吉峽谷國家歷史公園時，除了到遊客中心觀看介紹美國獨立戰爭歷史的影片，還可以到戶外參觀當時華盛頓將軍的指揮所（Washington's Headquarters），以及他所帶領的士兵們所住的六人小木屋，此外，公園內有一處紀念華盛頓將軍的拱門（National Memorial Arch），也是很值得觀賞的景點，或是到華盛頓將軍紀念教堂（Washington Memorial Chapel），在這偌大的國家歷史公園內，寧靜地感受上帝與禱告的力量。

 info

弗吉峽谷國家歷史公園

- 🖥 www.nps.gov/vafo/index.htm
- 🏠 1400 North Outer Line Drive, King of Prussia, PA 19406
- ☎ （610）783-1000
- 🕘 遊客中心｜9:00 ～ 17:00；公園｜9:00 ～ 日落後 30 分鐘
- 🚗 從費城車站搭乘 125 號公車，約 45 分鐘到達 1st Av & Freedom Business Center Drive，下車後步行 10 分鐘即可抵達遊客中心；自行駕車前往也相當方便
- Ⓢ 免費

弗吉峽谷國家歷史公園的解說員

弗吉峽谷國家歷史公園內的車站

費城雙河

河流是城市之母，每個美好城市必定有一條美麗的河川，費城的斯庫基爾河南北向流經市區，將費城區隔為兩個主要地區，河東是費城的中心都市，河西是大學城，河岸蜿蜒的景致，猶如母親的曲線，總是令人思念。

斯庫基爾河的流域長度約為 200 公里，跨越 5 個郡，流經無數個地方城鎮，河岸有一家斯庫基爾河開發公司，扮演著河川經營與管理的協調角色，確保河岸開發與活動不致影響城市之母的身軀。

斯庫基爾河夏季的景致

在 2014 年夏季，費城市政府順著斯庫基爾河的方向興建一條河上步道，讓費城人可以悠遊漫步於河流之上。每逢假日在河岸旁總會舉辦各類活動，4 月的櫻花季必定擠滿絡繹不絕的人潮，河流沿岸有一整排美麗船屋、費爾蒙水廠博物館、費城美術館，可說是一場河岸的藝術饗宴，是一條讓人難以忘懷的美麗河川。

整條河流與河岸沿線是費城人划船、跑步、騎乘單車等活動的最佳場所，每年 6 月所舉辦的費城鐵人三項競賽，選手要泳渡斯庫基爾河，騎單車環繞河岸的自行車道，在河岸旁的道路進行短程馬拉松。

2015 年夏季，我和幾位博士班的朋友到斯庫基爾河岸旁的公園野餐，享受特有的片刻閒情逸致，在夏日清晨的河岸

邊吹著風，感覺格外地冷。當日氣溫只有
10℃左右，一位學長騎著他的單車前來，
他曾經在 2012 年暑假和朋友騎單車花了
40 多天橫跨美國東西岸，並協助當地居
民建造房屋。另一位學姊剛取得博士學
位，準備去北卡羅萊納州的威明頓任教，
她曾說：「費城市區的孩童安親班很貴，
而且不是負擔得起就能找得到保姆或安親
班，往往要排隊很久才行。」因此，她很
高興可以去北卡羅萊納州，孩子的保姆
費、房價都比費城便宜許多。還有一位學
妹規劃和她的指導教授一起去麻省理工學
院（MIT）進修，也準備飛往阿拉斯加州
參加人生的第一場全程馬拉松比賽。由於
天冷無法久待，我們一會兒就各自道別，
結束在斯庫基爾河岸旁的野餐約會。

費城的最東邊有一條德拉瓦河，這條
河流全長約 530 公里，流經紐約州、賓州、
紐澤西州和德拉瓦州等 4 個州，提供 1,500
萬人的飲用水源，1961 年即立法通過由
4 個州共同成立德拉瓦河流域管理委員會
（Delaware River Basin Commission），所
管轄的流域面積剛好和臺灣一樣大，區域
內的相關規劃、建設、水質、遊憩活動等，

秋冬的斯庫基爾河畔，是海鷗的最佳休憩地點

斯庫基爾河冬季冰封的雪景總令人惆悵

都由這個管理委員會控管，每年約 7 百萬美元的經費由 4 個州和聯邦政府共同分攤，這 4 個州的無數個地方政府可以和聯邦政府通力合作，真的很不容易。

每次來到德拉瓦河畔，總能享受都市與河岸之美，欣賞著美麗的德拉瓦河與富蘭克林大橋，以及停泊在河上的幾艘美國海軍戰艦。

德拉瓦河上壯觀的戰艦群

3 名校風采

Genius without education is like silver in mine. —*Benjamin Franklin*

未受教育的天才，猶如礦中之銀

大學城的初秋景致

賓夕法尼亞大學

常春藤盟校

費城的賓夕法尼亞大學（UPenn）創校於 1740 年，是八所常春藤盟校之一，也是美國最古老的高等教育機構之一，校內有多處經典的建築物值得你親自走訪，一睹常春藤風采。

The Penn Art Collection

artcollection.upenn.edu/

校園人氣拍照景點

賓大校園最著名的步道 Locust Walk

醫學院 | 賓大醫院

　　賓大醫學院（Penn Medicine）是美國第一個醫學院，而創立於 1874 年的賓大醫院（HUP），也是全美最知名的醫院，其主要出入口、急診室坐落在費城第 34 街。

　　賓大醫學院內名為 Richards Medical Research Laboratories 的建築群，是由美國知名建築師路易斯康所設計，於 1962 年興建完工的 10 層樓建物，強調機能與結構的展現，也是國際式樣的現代主義（Modernism）建築代表，是賓大校園最具代表性的建物之一。

考古與人類學博物館

　　賓大有一座頗具歷史與規模的博物館，名為考古與人類學博物館（Museum of Archaeology and Anthropology），於 1890 年興建完成，是由費城知名建築師 Wilson Eyre、Cope and Stewardson、Frank Miles Day 等組成的團隊所設計，博物館內古典、與世隔絕的氣氛令人陶醉。

　　在我求學期間，憑著學生證得以免費進出博物館參觀，我常常在課業困頓之時獨自來到這博物館，轉移注意力，享受歷史的薰陶。

博物館（左）與賓大醫院（右）

University of Pennsylvania Museum of Archaeology & Anthropology

www.penn.museum

演奏廳 | 學生活動中心

　　校園內的演奏廳——爾灣禮堂（Irvine Auditorium）興建於 1929 年，是一棟 5 層樓的哥德式（Gothic）建物，由費城建築師 Horace Trumbauer 所設計。

演奏廳（左）與學生活動中心（右）

演奏廳隔壁即是學生活動中心——休士頓大樓（Houston Hall），是美國第一棟以學生會使用為主的建物，這棟 4 層樓的建物於 1894 年完工，當時建築物的規劃設計是透過學生競圖方式，由賓大建築系的兩位學生 William C. Hays 和 Milton Medary 勝出，並交由建築師 Frank Miles Day 督導興建，曾於 1936 年整修擴建，目前提供辦公室、演講廳、學生社團、餐廳等場所，尤其是地下樓層的餐廳，總是擠滿了學生在此用餐，各種社交活動或討論會也都在此進行，是個充滿活力的場所。

研究生宿舍

研究生宿舍（Sansom Place）是校園內最高的建物，位於栗樹街（Chestnut St.）和第 36 街附近的這兩棟大樓，由 Richard and Dion Neutra 建築事務所設計，承襲歐洲的國際現代建築式樣，於 1970 年竣工。17 層樓高的醒目建築是我求學時住過的宿舍，那時我常從位於 11 樓的房間俯視整個賓大校園景觀。

從研究生宿舍遠眺賓大校園

各學院特色建築群

設計學院

賓大設計學院（PennDesign）位於第34街和胡桃街（Walnut St.）的轉角處，是一棟1967年完工的4層樓紅磚式建築，又稱為梅耶森大樓（Meyerson Hall），主要是紀念1970年代校長Martin Meyerson的貢獻，他在卸任校長之後擔任設計學院的教授。這棟樓由Martin, Stewart, Noble & Class事務所設計，承襲著法國建築師柯比意（Le Corbusier）的現代建築式樣，加上地中海式的窗戶，成為這棟樓的特色。

學院外的平臺有一座名為〈Jerusalem Stabile〉的鐵鑄裝置藝術，火紅的顏色格外醒目，是由費城在地藝術家Alexander Calder所設計，於1976年打造完成，這是他生命中留給費城的最後一件公共藝術品，在以色列耶路撒冷的赫茨爾山（Mount Herzl）也有一件同樣的藝術品。

筆者在設計學院完成博士學位　　　　　　設計學院前的裝置藝術

傳播學院

1958年，美國的媒體巨擘、外交家、慈善家Walter Annenberg在賓大創建了最著名的傳播學院（Annenberg School for Communication），學院的古典現代建築於1962年完工，是由建築師Alfred E. Poor所設計。之後在1987年由Mitchell和Giurgola兩位建築師執行擴建計畫，並於1999年由MGA Partners事務所在原建物上再增建兩層樓，造就成今日坐落於費城胡桃街上的傳播學院建物，除了提供教學與研究空間之外，演藝廳時常有各類藝文表演，可以進入欣賞。

法學院

賓大法學院（Penn Law）位於第 34 街上，主建物是一棟 1900 年落成的英式巴洛克（English Baroque）建築，由 Cope & Stewardson 事務所設計，名為西爾弗曼大樓（Silverman Hall）。但隨著法學院的師生日益增加，該建物的空間已不敷使用，校方為了因應需求，在 1969 年完成法學院的擴建計畫，成就今日兼具英式巴洛克風格與現代主義的建築群。

賓大法學院是我每日步行到課堂所必經的建築，學院內的廣場也相當靜謐，除了駐足欣賞建物之美，能在此呆坐一個鐘頭，也是一種空靈的享受。

華麗典雅的法學院建築牆面

牙醫學院

賓大牙醫學院（Penn Dental School）位於第 40 街上的建物名為 Evans 大樓，藉以紀念費城出身、在歐洲執業的牙醫師 Thomas W. Evans，他在遺囑中將金錢和土地捐贈給賓大，因而催生了牙醫學院。這棟 4 層樓的建物由建築師 John T. Windrim 所設計，於 1915 年興建完成，為 19 世紀初的代表建築，屹立在此已有百年之久。

教育學院

賓大教育學院（Penn GSE）坐落在第 37 街和胡桃街轉角處，是 1962 年興建完成的 5 層樓建築，由 Harbeson、Hough、Livingston、Larson 等建築師所設計，遵循著法國學院派 Beaux-Arts 的設計風格，主要以紅磚為主，點綴著水泥柱為輔，形成一棟協調的建物。

胡桃街上的文學院與工學院

工程學院

　　賓大工程學院（Penn Enginnerring）擁有多棟建築物，比較著名的是一棟名為 Towne 大樓的建物，其命名是為了紀念費城的實業家 John Henry Towne，這棟建築物由 Cope & Stewardson 事務所設計，以 17 世紀的英國古典主義（English Classicism）風格為主，於 1906 年竣工啟用，主要作為實驗室，在當時也作為工業機具的展售場所，目前則是以工程學院的行政辦公室及研究室為主。

校園內最古老的學院大廳

學院大廳
國家註冊歷史場所

校園內最古老的建築物是 1871 年落成的學院大廳（College Hall），其建築設計滿足圖書館、教室、實驗室、辦公室等功能之所需，目前已被列為國家註冊歷史場所（National Registry of Historic Places），校長、教務長（Provost）等主管的辦公室都在這棟大樓裡。學院大廳前面有班傑明富蘭克林的坐姿銅像，4 公尺高的銅像在校園裡格外醒目，也成為最有人氣的拍照景點，每位學生或訪客都一定會在此留下印證足跡的倩影。

費舍爾藝術圖書館
國家歷史地標

費舍爾藝術圖書館（Fisher Fine Arts Library）被評選為全美國最美麗的圖書館，這棟 1890 年落成的圖書館是由當地最著名的建築師 Frank Furness 所設計，建築物著重在圖書館與研討功能，設計理念融合教堂與火車站的意象，是一座十分典雅、氣質迷人的圖書館，於 1972 年被列為國家歷史地標建築，是師生與訪客最愛的拍照景點之一。

我研讀博士班時的研究室就位在這座圖書館所增建的紅色古堡（Duhring Wing），其屋頂採用皇冠造型的設計，格外別緻，費舍爾藝術圖書館是我腦海中記憶最深刻的建築物。

范佩爾特圖書館

到了 1950 年代末，費舍爾藝術圖書館的空間已不敷師生使用，於是校方規劃興建一座新穎、現代的圖書館，由當時的知名建築師 Harbeson、Hough、Livingston、Larson 等人設計；於 1962 年落成的范佩爾特圖書館（Van Pelt Library），是賓大最主要的圖書館，建物本身屬於野獸派（Brutalist）的建築式樣，圖書館內提

范佩爾特圖書館

供許多開放空間，可以自由的彈性運用，我的無數光陰都在這座圖書館中度過。

　　范佩爾特圖書館前有最著名的公共藝術品，名為〈裂開的鈕扣〉（Split Button），於 1981 年完成的這件藝術品重達 5,000 磅，是知名藝術家 Claes Oldenberg 設計的創作，白色鋁製鈕扣的裂痕象徵著斯庫基爾河將費城切分為兩部分，而鈕扣上的 4 個大洞則象徵著費城市區所規劃的四大廣場公園，別具意義。

范佩爾特圖書館前的公共藝術品

范佩爾特圖書館前盛開的櫻花

LOVE 無所不在

　　費城被譽為「兄弟友愛之城」，「愛」無所不在；賓大校園裡有最吸睛的〈LOVE〉雕塑，總是有許多學生與訪客在火紅的愛前拍照留念。這座〈LOVE〉雕塑是藝術家 Robert Indiana 在 1966 年所打造的公共藝術品，他很喜歡利用簡單的字設計作品，過去所創作的鐵鑄雕塑還有〈EAT〉、〈HUG〉、〈HOPE〉等。

校園必訪的公共藝術品

與坐在長椅上的班傑明富蘭克林合影

Ben on the Bench

〈坐在長椅上的班傑明富蘭克林〉是校園內最著名的雕像，賓大的創辦人正坐著閱讀他所發行的報紙，椅背上還有一隻鴿子陪伴著。由藝術家 George Lundeen 打造而成的這件藝術品，是 1962 年畢業的校友在他們第 25 週年的聚會時所捐贈；傳統上，每年開學前，校長都會到這裡向他打招呼並合影留念。這裡也是賓大師生與訪客的最愛，幾乎每一位畢業生都會穿著畢業服在此拍照留影。

華頓商學院

全美排名第一名的華頓商學院

賓大的華頓商學院（Wharton's Newest）全美排名第一，其亨茨曼大樓（Jon M. Huntsman Hall）是校園裡最醒目的建築物，也是當地人與遊客的朝聖之地，這棟 9 層樓高的氣派紅色柱體建物於 2002 年竣工，樓地板面積約 3 萬平方公尺，提供 100 多間教室、研究室、會議室，成為美國規模最大的教學大樓之一。

 Info

University of the Sciences　私立科學大學

🖥 www.usciences.edu
🏠 600 S 43rd St, Philadelphia, PA 19104

🚗 位於大學城內，與賓夕法尼亞大學相鄰，沿 Woodland Walk 往西南步行 10 分鐘即可抵達
S 學費一年約 4 萬美元，加上生活費一年約 6 萬美元

卓克索大學

知名私立大學

位於栗樹街的卓克索大學建築群

緊鄰費城車站與賓夕法尼亞大學的卓克索大學

位於市場街的巨龍（Mario the Magnificent）
是卓克索大學的吉祥物地標

Drexel University

drexel.edu/

3141 Chestnut St, Philadelphia, PA 19104

位於大學城內，緊鄰費城車站、賓夕法尼亞大學，從費城車站往西步行 5 分鐘即可抵達

學費一年約 4.5 萬美元，加上生活費一年約 6.5 萬美元

天普大學

知名公立大學

天普大學（Temple University）是位於費城北方的一所公立綜合大學，屬於州立大學，學費較為親民，教學與資源皆為頂尖，畢業生的出路也都不錯，很多學生會選擇就讀公立的天普大學。

天普大學校園街景

天普大學的聖殿

天普大學圖書館前的廣場

　　這所大學之所以名為 Temple，主要是因為這裡有一座 1891 年落成的浸信會聖殿（Baptist Temple），擁有近 4,600 個座位供禮拜使用，在當時為美國最大的新教教堂，也是天普大學的地標建築，看見聖殿即抵達天普大學城。

　　我的鄰居友人 James A. Strazzella（1939～2017）是天普大學法律系教授，2014 年秋天我到他的辦公室拜訪，一早從賓大校園第 34 街的地鐵站搭車過去，抵達北費城地區。天普大學的法學院大樓前面有美國第 16 任總統亞伯拉罕林肯的雕像，Strazzella 教授的研究室堆滿各種書籍與收藏品，由於他是賓州漢諾瓦鎮（Hanover）出身，隨處可見賓州的地圖，他所使用的木桌也鑲著賓州地形。他向我展示牆面上所掛著的賓州各地方特色與特產，還拿出禮物送給我和家人，更隨手從桌上拿起自己慣用的不鏽鋼拆信刀送給我，要我以後在辦公室使用這把拆信刀時可以想起他，另外，也從書櫃裡拿出一顆粉紅石頭刻畫的女人雕像，要我帶回臺灣送給內人當作紀念。

心靈導師 Strazzella 教授

Info

天普大學

🖥 www.temple.edu/

🏠 1801 N Broad St, Philadelphia, PA 19122

🚌 地鐵橘線往北到 Cecil B Moore Station

Ⓢ 學費｜賓州居民一年約 1.6 萬美元，非賓州居民一年約 2.6 萬美元

吉拉德學院

北費特色學院

　　費城北方有一所吉拉德學院（Girard College），是專供經濟能力有限的單親家庭子女就讀的寄宿學校，這所學院對於美國的社會、種族、教育、慈善發展具有重大影響。

　　早在 1831 年，一位法國移民商人 Stephen Girard 過世之後，以他的遺產捐贈成立了一所學校，只允許沒有父親監護的貧窮白人男孩入學。直到 20 世紀後期，受到民權運動影響，大法官宣判吉拉德學院只讓白人入學違反憲法，於是在 1968 年，該學院錄取第一位非洲裔男性學生，到了 1984 年才開始招收女性學生。

　　目前吉拉德學院是一所多元種族的學校，但是仍然以中低收入戶的子女為主，校方會提供全額獎學金，涵蓋食宿費用，每年招收約 250 位 1 ～ 12 年級的學生，每班約 15 人的小班制教學，讓學生擁有良好的學習環境。

吉拉德學院的教堂

吉拉德學院的教堂十分有名，始建於1878年，目前所見的教堂重建於1933年，裡面收藏著費城第四大的管風琴，僅次於梅西百貨、賓夕法尼亞大學、金梅爾表演藝術中心。該管風琴有 6,829 支音管，高過建物天花板，教堂設計配合管風琴，造就三角型的屋頂，極具風貌。

記得在 2015 年冬夜，我的博士班同學所屬的費城合唱團（Mendelssohn Club of Philadelphia）在此演出，當天我從費城車站以步行的方式，花了 1 個多小時穿越市中心、北費城地區，經過東州監獄後，抵達吉拉德學院。

吉拉德學院

💻 www.girardcollege.edu　　　　🏠 2101 S College Ave, Philadelphia, PA 19121

吉拉德學院冬季的夕陽景致

4 客居他鄉的生活札記

費城市郊

租屋是門學問

曾經在美國租屋而居的人都有自己的心酸歷程，我落腳在費城郊區溫尼伍德（Wynnewood）地區也不例外。

2012 年暑假，全家初抵美東，暫住朋友家中，之後經歷找房、租屋、搬家、分租、借住，在賓州、紐澤西州、紐約州住過七處地方，完成異鄉漂泊的旅程。搬家、買二手傢俱、撿傢俱、丟傢俱，成為習以為常的事。

抵達美東的第 5 天，住在紐澤西州的長輩花了 2 個多小時駕車，載著我們全家到賓州尋覓住處。行經西費城的蘭卡斯特大道，沿路上有 20 世紀初的老舊地面電車（Trolley），和汽車共用路面的車道，在路口處讓乘客上下車時，汽車就必須在後靜靜等待，不得超越電車；另外，由於汽車行駛在電車的軌道上，坐在車內時而顛簸、晃動不已。

當時穿越了蘭卡斯特大道往西，經過許多老舊街區，這裡的房子又破又舊，環境品質與社區治安都變差的；再一直往西北出了費城，就會抵達賓州的蒙哥馬利郡（Montgomery County），此處的郊區環境、治安、學區等，都比西費城地區好很多。

蒙哥馬利郡內有個納伯斯（Narberth）小鎮，我們約了一位達菲不動產公司（Duffy Real Estate, Inc.）的仲介小姐，由她帶著我們找尋在賓州的家，整個下午快速地看過 4 間出租公寓。在美國，若稱為「Apartment」，即是整棟以出租為主的公寓，通常也是由管理公司經營的出租公寓；若稱為「Condominium」，則整棟公寓非以出租為主，而是屋主買來自住、且擁有區分所有權的公寓，簡稱為「Condo」。

我們所看的第一間公寓是蒙哥馬利庭院（Montgomery Court），一房型的出租公寓，每月租金 1,200 美元，只包含水費和瓦斯費，電費須自己額外負擔；第二間公寓是屋主自己的房子出租，公寓有點小且太舊，但租金最便宜，每月約 915 美元。

第三間公寓也是由管理公司經營的布林伍德公寓（Brynwood Apt.），位於火車站前方，社區有很多樹木，屋內又附有洗衣機（一般而言，這地區的出租公寓，房客都得到地下室的公共洗衣間，以投幣或刷卡方式使用洗衣機）；但這棟公寓的規定是一房最多只能住 2 個人，所以我們一家 3 口一定得租兩房型的公寓。事實上，這公寓一房型約為 20 多坪，空間已經足夠，無需每月花 1,400 美元租兩房型公寓。

最後一間是湯馬士懷恩公寓（Thomas Wynne Apt.），先到公寓辦公室與經理面談，她也向我們介紹公寓室內和室外的環境；這間約 22 坪大小的一房型公寓，每月租金 1,210 美元，水、電、瓦斯、暖氣等費用都已包含在租金內，不須額外支付，只有電話、電視、網路、空調等需要自行付費，戶外也有免費的平面停車位。公寓有管理員 24 小時全天候值班服務，進出有門禁密碼管制，很像是小型的飯店住宅。

我們很喜歡湯馬士韋恩公寓的室內、室外環境，不過當時這社區只剩下一間公寓，而且還在清理階段，無法立即搬家入住；另外，凡欲承租公寓的房客都要有收入與財力證明，在美國年收入至少要達 4 萬美元，才可承租一房型的公寓，然而剛到美國留學的我，根本沒有報稅資料或收入證明，只能提供獎學金證明文件，正當失望之際要離開時，公寓經理對我們說：「若你們簽一年租約，公司可提供半個月的房租優惠，一年只需要支付 11.5 個月的房租。」於是我們很快地決定要承租。

先填寫承租申請文件，然後繳交訂金 500 美元和申請費用 35 美元；申請費用是支付給銀行查詢我的信用紀錄，因為我沒有任何紀錄，經理說不需查詢資料，免付申請費用。公寓經理相信我是一位付得起房租的留學生，也當場簽一份臨時房屋租約給我們，讓我可以幫愛格辦理學區的公立小學入學手續，她的善意協助讓我留下深刻印象。當時租下這間最貴、但也最適合我們的公寓，就這樣成為我們在費城郊區的家，前後整整住了兩年，承載著許多最美好的回憶，體會異鄉漂泊的溫暖。

2012 年夏末剛搬入湯馬士韋恩公寓，屋內空空蕩蕩沒任何傢俱，那時只好先睡地板過夜，過了幾天後，開始添購一些傢俱，才漸漸像是一個家。隔年暑假家人來訪，由於只有一個房間，便把房間讓出來給家人、我睡客廳；過了一陣子，在公寓的資源回收站撿拾到一張藍色雙人彈簧床

湯馬士韋恩公寓

在湯馬士韋恩公寓內舉辦生日派對

湯馬士韋恩公寓附近環境

拜訪友人家

墊，白天的時候，將這張床墊立在房間的窗臺邊，讓外面的陽光照射殺菌，晚上要睡覺時，則把床墊搬進客廳鋪平。

一般留學生到外地找朋友，常會睡在朋友家的客廳或沙發，我也不例外，到外地的朋友家作客，經常睡客廳或沙發床（Sofa Bed，白天當作沙發，晚上睡覺時攤開變成一張床）。此外，我也記得在趕論文時，到朋友家熬夜到天亮，躺在沙發上睡幾個小時，在費城生活期間，睡地板、睡客廳、睡沙發，成為生活的另一種體驗。

美國公寓面積以平方英呎（Square Foot，縮寫為 Sq. Ft.）為單位，1 坪約 36 Sq. Ft.。

費城統計資料一覽	
人口	155 萬人
族群	黑人或非裔美國人 42.9%；白人 41.3%；亞洲人 6.9%；多種族混血 2.8%；印第安人、阿拉斯加或夏威夷原住民等 0.5%；其他種族 5.7%
平均年齡	34 歲
教育程度	大學以上文憑 26.3%；高中以上文憑 82.6% 18～24 歲人口擁有大學以上文憑 12.3%、專科或技術學院文憑 43.3%、高中畢業 30.6%、高中以下學歷 13.8%
家戶年所得	39,770 美元
貧窮比例	25.9%（2 大 2 小之家庭年收入低於 2.5 萬美元）
公司行號	104,439 家
住宅屋齡 房價／租金	671,125 戶，屋齡 60 年以上占七成，高達 40% 興建於 1939 年之前，空屋率 13.2% 房價中位數 14.7 萬美元，每月租金中位數 943 美元

資料來源：US Census Bureau

大學城宿舍與分租公寓

我在費城的第三年，住在賓大的研究生宿舍，撰寫博士論文。一個人住在約 3 坪大小的單人房，每個月租金 900 美元，宿舍的房間內沒有廚房、不能開伙，我利用電子鍋、慢燉鍋、麵包機養活自己，補充體力面對課業挑戰。記得費城冬季下雪的天氣，我偶爾會踏著雪跡到附近的超市買一些帶骨牛肉，和蔬菜一起熬湯，那時的我覺得牛肉蔬菜湯就是人間美味。

美國大學生或研究生的暑假，除了修課、實習、旅遊、打工之外，搬家也算是暑假的大事，我也都是在暑假搬家。一般而言，校外租屋都是一年的合約，甚少公寓會提供短期住宿，但有些學生在暑假要去旅遊或回自己的家，就會將其房間釋出提供轉租（Sublet），讓有短期住宿需求的人分租，而自己也能賺取暑假的旅費。這種暑期分租公寓通常租金都比較便宜，我在費城第三年的暑假，就在大學城內的百年公寓——漢密爾頓庭院（Hamilton Court）分租一個房間，度過一個難忘的暑假。

買車與修車

在美國，汽車是生活必需品，而非奢侈品，沒有汽車等同沒有雙腳，難以滿足日常購物與旅遊所需。

2012 年剛抵達美國不久，住在紐澤西州的長輩帶我們去買了一輛 2004 年份的二手車（Volvo V70 2.5T Wagon），主要是因為這輛二手車性能良好、價格划算、不易失竊，加上美東在冬季常下大雪，汽車的性能和抓地力要能應付雪地氣候，萬一真的發生碰撞或車禍，這車款比較安全。當時買下里程數為 13 萬英哩的二手車，也辦理了汽車保險，一年保費約為 1,000 美元，最後取得車輛登記文件，並掛上紐澤西州的臨時車牌。

我把汽車跨州開回賓州的住處後，就到梅迪亞（Media）地區的賓州交通局（PennDOT）考駕照，現場提供簽證、學籍、社會安全碼等書面資料，待資料檢閱許可，繳交 35 美元費用，即可在電腦上考筆試。共考 18 題，不能答錯 4 題

冬季常被大雪覆蓋的愛車

路上拋錨，被 AAA 救援車載到修車廠

以上，通過筆試就可取得一張學習駕照（Learner Permit），再加上國際駕照，便可開車上路。此外，賓州交通局也提供辦理賓州身分證的服務，現場繳交 15 美元，拍攝一張很像囚犯的照片，就取得一張賓州身分證（Penn State ID）。

通過筆試的當日，隨即到汽車保險公司洽談減少保費事宜，然後為了更換成賓州的正式車牌，到附近一家私人小店（Best Auto Tag），在那裡繳費、辦理汽車過戶、請領賓州車牌。共繳交了約 500 美元，包含車價 6% 的消費稅、汽車所有權登記費等，隨後店家給我一個黃、藍、白三色相間的正式賓州車牌掛在車尾，就這樣有了代步工具。美國各州對於車牌樣式、掛法有所差異，在賓州只有一個車牌掛在車尾，但在紐約州則有兩個車牌分別掛在車頭和車尾。在賓州買車、取得車牌十分容易，一家私人經營的小店，在收取相關稅費之後，就可以提供正式賓州車牌。

這輛二手車在 10 個月後出現問題，某個週二，我開車載愛格要到小學上西洋棋課，一早八點多離開家門沒多久，就在住家附近的道路上拋錨。車停在路中央，後面的駕駛過來幫忙把車推到路邊等待救援，不久警察也來了，還好朋友推薦我加入美國汽車協會（American Automobile Association，簡稱 Triple A；在英國則是 Automobile Association，簡稱 Double A），可以享有免費道路救援。警察先生幫我打電話聯繫 Triple A 的人員，我也打電話給鄰居友人，幸好他還沒出門去學校教課，開著車來載我和愛格到小學，把愛格放下後，又載我回到拋錨處。

一會兒 Triple A 的道路救援車來了，將汽車載到離住家很近的修車廠，修車廠的人員說：「應該是汽油幫浦（Fuel Pump）壞掉，修車費用約 980 美元（包含材料費 500 多美元，人工費 400 多美元）。」回家後問了懂車的鄰居，他說

很多修車技師都是用猜的，並非真的知道問題所在，除非聽到修車技師說：我確信（I am confident）……；如果修車技師說：我想（I think）……、我相信（I believe）……之類的話，那就是他猜的。另外，鄰居也說修車廠估價 900 多美元，結帳時絕對超過 1,000 美元，費用之高讓我猶豫不決，隔日又把汽車拖吊到住家前的停車位放著，暫時不修理。

之後有位牧師朋友介紹我費城市一家個人經營的修車廠，翌日再聯繫 Triple A 的拖吊車，將汽車從住家拖吊到西費城第 61 街的修車廠。修車廠老闆說：修理汽油幫浦 700 美元，但是這位老闆要去加州參加喪禮，兩週後才能回來。老闆奔喪回來後對我說：「要重新檢查，確認哪裡有問題才能修理」，一副要不要修理都無所謂的感覺。於是我決定不讓他修理，再找 Triple A 拖吊車，把我的車直接拖吊到

Volvo 原廠修理，心想也許貴一點值得。

記得那天下午下著超級大雷雨，我坐在拖吊車內和司機一路聊天，直到位於貝溫（Berwyn）地區的 Volvo 原廠。一開始的檢查費用是 99 美元，隔日修車廠技師說：「汽車電瓶沒電，汽油幫浦、發電機都沒問題，但是無法發動」，建議我做進一步的電腦診斷，費用是 125 美元。翌日詢問得到的好消息是汽車在電瓶充電後可以發動，但仍需進一步診斷熄火問題；結果電腦診斷沒有發現特別的問題，再找一位技師進行兩次實地道路測試，也都沒有發現問題，於是通知我可以取車了。

記得取車那天是星期五，我搭火車去取車，結帳只花了約 270 美元，還將汽車洗得很乾淨。到家門前在巷口巧遇一群家長，在學校巴士站等著接孩子回家，鄰居們知道我修好汽車只花不到 300 美元，異口同聲地說我很幸運。

SEPTA 經營的區域鐵路

公車隨筆

費城都會區的公車、地面輕軌、地下鐵、區域鐵路等，都是由賓州東南運輸局（SEPTA）所經營，SEPTA 自 1965 年開始負責費城的公共運輸，2016 年其營運經費約 5 億美元，由賓州政府出資 61%、聯邦政府補助 37%、費城等地方政府出資 2%。SEPTA 是服務費城都會區 6 百萬人的主要公共運輸系統，每年服務的旅客超過 3 億人次，即每天約 100 百萬人次使用 SEPTA 所經營的公共運輸服務。

在費城搭乘公車，2018 年以前都是使用代幣（Token），之後全面終止 50 年使用歷史的代幣，改為儲值通勤卡。費城公車的車頭都有單車架，最多可以裝載 3 輛單車，記得 2012 年秋末，在校園上完課時天色已暗，我騎著單車到費城車站，第一次和單車一起搭乘 44 號公車回到郊區的家。當時自己動手、三個步驟快速將單車上架：1. 拉下車頭的單車架；2. 把單車輪子放上車架軌道；3. 拉起固定桿扣住單車的輪子。就這樣一路看著我的單車在公車前端，剛開始很怕單車會在高速公路上掉落，還好到達目的地時，單車依舊穩固在車架上。這是很棒的設計，讓單車客可以將自行車架在公車上，人和單車可以一起去旅行。

搭乘 44 號公車往返費城市區與郊區

費城每號公車在每個車站都有固定的時刻表，市區內公車站的站牌與時刻表比較顯著，郊區的公車站則不易找尋，公車號碼和時刻表往往固定在轉角處的路燈或電線桿上，且郊區搭乘公車的人很少。我常搭乘 44 號公車往返郊區和費城車站，冬季一早的郊區，經常只有我一個人在轉角處等公車，也算是搭專車上學。另外，搭乘公車時常會遇到身心障礙者或輪椅使用者，公車不但可以降低車身，也有電動設備提供無障礙服務，方便輪椅使用者上下車；司機還會將前面兩排可折疊座椅收起，提供足夠的空間讓輪椅使用者方便移動，並幫他們扣上安全扣環後再繼續上路。

一般美國白人不常搭乘公車，因此在公車站等車的人大多是非裔美國人、拉丁人、中東人、亞洲人等，有時候搭公車亦

會建立起友誼，記得我在寒冬的清晨等公車時，經常遇到一位年近70歲的老先生，他是一位中國籍的醫生，因為聯合國世界衛生組織的專案計畫，讓他從中國到美國當起研究人員，長期在賓大進行研究。我們常在搭公車時沿途分享彼此的生活點滴，建立起忘年友誼，唯一遺憾的是在2014年暑假，我在社區圖書館遇到他時，他對我說：「學校沒續聘，目前在找工作中」。當時看著他年邁的身影，辛苦地找尋工作，心中真是不捨。

費城的公車司機似乎會因路況擁塞或其他特殊情形等因素而選擇改變固定路線，記得2012年剛開學，在費城車站搭上44號公車，司機看到前方I-76號高速公路大塞車，逕自決定變更路線改走地方道路，從費城車站行經卓克索大學，穿越費城動物園、費爾蒙公園，然後繞到郊區，當時我剛開始搭公車不久，整路擔心公車亂繞會無法抵達家門，還好之後順利到達。

另外，還有一次等公車的特殊經驗，2015年夏季，我在費城郊區的納伯斯等公車要回賓大校園，當時傍晚的狂風暴雨加上閃電，許多區域的交通因而大打結，我又溼又冷，躲在轉角一戶人家的前院樹下，勉強有一點遮蔽，但全身溼透，隨時都會被閃電擊中，這是我最害怕的事情，禱告再禱告，祈求平安，不要出意外。過了一會兒公車來了，一上車全身冰冷，司機遞給我一張紙巾，擦了頭髮紙巾全濕，就這樣一路到費城車站。當天傍晚在郊區等公車時沒被閃電擊中，平安無事，讓我見證上帝的威力。

單車騎趣

我在費城有一輛二手捷安特登山車，伴隨著我上下課與休閒運動，這輛單車的前車主過世後，他的兒子處理財產時沒有帶走單車，於是公寓經理把它免費送給我。我先到小鎮上請印度裔的單車店老闆幫忙整修，他檢查了剎車、座墊、胎壓等，也沒向我收費，我問他剎車皮需不需要更換，他說還可以用不必換，之後，每次自行車有問題，印度裔的老闆都會幫我維修。但是兩年之後，這小鎮唯一的單車店經營不易，印度裔老闆決定結束營業，從此納伯斯的鎮上沒有單車店。

我從2012年10月初開始賓州納伯斯到費城校園的單車通學生活，一天要騎上25公里，這是體驗費城的最佳方式，也為我省下很多交通費用（當時若搭乘火車

騎單車上下課，途經費爾蒙公園

上下課，每天車資約 10 美元；若搭乘公車上下課，每天車資約 4 美元），另外，每天騎乘上下坡路段，兩個月可減重 5 公斤。我依照鄰居友人給我的手繪單車路線圖，上學時從賓州納伯斯一路下坡，沿途經過費爾蒙公園、請觸摸博物館、費城動物園，沿著斯庫基爾河畔的公園繼續往前就抵達校園。但是從校園回家的路途多為上坡、較為辛苦，記得秋末日照時間會瞬間縮短，有一次 11 月初傍晚五點左右下課騎單車回家，就在寬闊的費爾蒙公園內天色瞬間轉暗，天黑之後在這空曠的公園騎單車實屬危險，於是卯足全力，趁天色完全變暗之前快速通過這偌大的帶狀公園。然而在深秋的白天騎乘這一段路，秋楓紅葉，詩意盎然，秋意甚濃。

騎著單車去採購蔬果也是我的日常生活寫照，賓州有一種由當地農夫生產銷售的農產品集散中心（Produce Junction），一層樓的小小店面裡，販賣著新鮮且物美價廉的蔬果，我從家裡騎單車到費城布林莫爾街（Bryn Mawr Ave.）的農產品集散

中心，一趟車程約 30 分鐘，我會揹著空的背包去採買當季蔬果、雞蛋、果汁等，總是裝滿背包、外加兩個裝滿蔬菜的提袋滿載而歸。

另外，有時候騎單車上下課，會巧遇愛格的校車沿街接送小朋友上下課，曾經有一次小學校車接小朋友上學途中，愛格的同學坐在車內，眼尖發現我在一旁騎單車，揮手向我打招呼，巨大的校車和我的單車對比，形成賓州郊區的特殊景象。每當我翻山越嶺騎著單車回到家，看見家裡的大玻璃窗張貼著一些萬聖節應景的南瓜、小鬼裝飾，就會有家的歸屬感。

課業壓力沉重時，我也會透過騎單車紓壓，記得 2013 年的春季班，週一至週三的課程滿堂，週三上課到晚間八點，回到家中已累癱，頭腦完全無法思考，只剩下看電視和狂吃這兩件事，隔日為了讓自己完全放鬆，我曾頂著 2°C 的氣溫外出騎單車。從賓州的溫尼伍德經過山區到費城的馬納揚克（Manayunk），這地區在 1970 年代以前有著興盛的紡織、皮革、傢俱工廠，並利用運河運送貨物，之後工廠曾廢置一段期間，但目前這裡可說是費城重要的藝術文化中心。

經過馬納揚克之後就是斯庫基爾運河，往西沿著斯庫基爾河岸步道（Schuylkill River Trail）一路向上游騎乘，經過賓州的康舍霍肯（Conshohocken）、諾里斯敦（Norristown），寒冬中似乎只有我一個

騎乘共享單車遊逛費城市區

人在騎單車，最後經過一段高架木棧道，跨越壯觀的河道，一直到弗吉峽谷國家歷史公園。當日抵達弗吉峽谷後，一想到還要在這幾近零度的氣溫下騎單車折返，雙腿已軟。最後我也不知道自己怎麼在寒冬中騎單車返家，當日回到家後完全忘卻課業壓力，心中很輕鬆，但身體很痠痛。

費城市政府在 2015 年春季建置共享單車（Indego），我在那年初夏首次加入會員，最喜歡到賓大書店外的廣場租借單車。第一次騎乘 Indego 單車，從賓大校圍沿費城的市場街（Market St.）往東，看到費城市政廳之後，往南方沿著百老街騎乘到費城最南端，抵達費城人隊的主場（Citizens Bank Park），並再次造訪 2004 年底首次到費城出差曾住過的假日飯店。當天我發現附近街道上的流浪漢變少了，這地區的環境也變得更乾淨，可看出費城這古老都市近十年來整體發展得很好。

Indego
🖥 www.ridelndego.com

 就醫求診

美國的醫療很進步，但就醫求診、健保制度相當複雜，有時要等上好久時間才能看診，或是必須支付巨額的醫療費。

2012 年 10 月，剛到美國生活的第三個月，愛格半夜發高燒，凌晨一點體溫 40℃，我打電話給公寓一位醫生鄰居，他赤腳從 5 樓走到 1 樓來看愛格，檢查過後，上樓拿了一瓶成藥給愛格服用。藥水以茶匙（Teaspoon）為服用劑量，當他說現在先服用 1 茶匙，明天上午再服用 1 茶匙，我還問他：1 茶匙是多少毫升？他就到廚房拿起湯匙，倒了 1 茶匙藥水給我看，說

明 1 茶匙約 5 毫升。愛格剛到美國不久，在半夜發高燒的情形也嚇壞我們，幸好認識一位內科醫生的鄰居，幫助我們度過困難。隔日愛格退燒了，體力也恢復了，我們一家開車到阿德莫爾（Ardmore）吃義式披薩（Bella Italian Pizza），這家披薩店也是這位醫生鄰居所推薦的店，後來成為我們全家在費城郊區最愛的披薩店。

根據賓州法律規定，小學生必須完成相關疫苗接種，愛格所就讀的小學（Penn Valley Elementary）在 2013 年初寄信提醒家長，在 5 月之前應該要完成疫苗的施打，於是內人提早到賓州蒙哥馬利郡的衛生部（Health Department）預約疫苗接種。在 2 月底前去施打疫苗的當日開了 40 多分鐘的車，抵達位於諾里斯敦的衛生局，工作人員要先確認我們投保的健康保險有沒有給付，若保險有給付，就必須去私人診所施打疫苗，若保險無法給付，才能在此施打疫苗。當衛生局人員確認可以在此注射疫苗，醫生診斷：「除了第二劑水痘疫苗之外，還要施打第一劑 A 肝疫苗、流感疫苗等。」當時 6 歲的愛格從施打流感疫苗就開始哭，直到注射完三劑疫苗。當日也是內人首次長程駕車上州際高速公路，載著愛格完成施打疫苗的任務。

賓州的公立小學要求學生入學時繳交牙醫師的檢查證明文件，但由於我們沒有投保牙醫保險，看牙醫費用很高，所以遲遲未找牙醫看診檢查。愛格入學不久後，接二連三地收到校方催繳牙醫檢查證明文件的通知，於是一位朋友介紹住家附近、車程約 30 分鐘的牙醫診所，對於沒有保險的患者收費也算合理。我們就在 2013 年秋季班剛開始，首次去看牙醫，抵達費城上達比（Upper Darby）地區，愛格做了牙齒檢查並簽署小學要求的牙醫檢查證明文件，當日支付檢查費 100 美元。事隔不久，我自己也預約洗牙，這是我第一次看牙醫，洗牙後支付了 130 美元的費用，之後還得開車到學校繳交一份期中報告。晚上終於得以放鬆片刻，到巴拉肯伍德（Bala Cynwyd）地區的一家 Tony Roni's 餐廳吃披薩配可樂，看著電視播放的運動賽事。

在 2013 年秋季，因為準備期中考試與報告，課業壓力太大，導致血壓飆高，就醫看診前先做了抽血、驗尿等檢驗，後來收到的檢驗費用帳單是 530 美元，醫療費用之高，讓我印象深刻。之後校醫開了轉診單要我到賓大醫院進一步治療，然後才可以確定服用什麼藥物，但是因為轉診單有健康保險給付的相關問題，醫院無法取得保險公司資料，花了很多時間找學校

高額的檢驗費用帳單

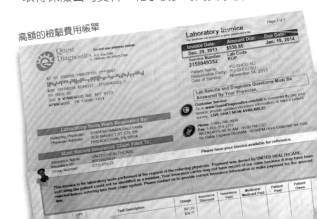

健康中心的人員幫忙，最後才順利在賓大醫院掛號，但由於正值繳交學期報告的期間，及健康保險給付的問題，後來還是請學弟幫我取消。

2014 年春天，我在賓大校園進修時總是牙齒疼痛，或許是因為壓力關係而牙疼，找了在牙醫學院進修的臺灣留學生幫我快速檢查一番，結果是 10 多年前補牙的填補物鬆動，卡在兩顆牙齒之間，所以才會痠痛。於是，我又到費城上達比地區的牙醫診所，請牙醫師幫我把舊的填補物拿掉並重新補牙，當她準備幫我打麻醉藥時，問我說：「之前在臺灣補牙有打麻醉藥嗎？」我回答：「好像沒有。」牙醫露出有點驚訝的表情說：「那應該很痛吧！」當她知道我仍是一位研究生，結帳時給了我很大的折扣，只收取 10 多年前剛開業時的金額 190 美元，再加上洗牙費用 130 美元，當日共支付 320 元美金。

在美國看醫生／牙醫的費用很高，聯邦政府在 2013 年 10 月 1 日曾經因歐巴馬的健保法案預算卡關而造成停擺達 16 天，健康保險與醫療成為美國社會一個很重要的議題。

國慶日

費城是美國的誕生地，每年 6 月底開始舉辦遊行、煙火等國慶活動，在 7 月 4 日國慶日當天，最著名的活動是在班傑明富蘭克林大道舉辦的戶外音樂會，是全美最盛大的免費音樂會，邀請知名樂團現場表演，全城為之狂熱。

我在費城度過三次國慶日，2013 年晚上在納伯斯公園（Narberth Park）欣賞煙火秀，這是費城郊區相當著名的煙火秀，公園內擠滿上千觀賞人潮，下午四點就有一群人在公園草地上擺置野餐墊、折疊椅等，有熱狗小販、音樂表演、各式遊戲，如同一場大型派對。

在費城郊區的納伯斯公園席地而坐，等待國慶煙火

由於正值夏季，晚上九點左右才天黑，天黑後才會開始施放煙火，記得那

在獨立廳附近觀看國慶遊行

穿上國旗裝應景，歡度國慶

年到了晚上十點，仍遲遲未施放煙火，突然市長宣布現場有一位女童失蹤，所以暫不施放煙火，也請現場所有民眾一起尋找女童，當時氣氛十分緊繃，所有人都在找失蹤的小女童，終於十點半左右在某個轉角處找尋到女童，於是市長再度宣布已找到女童，開始施放煙火。當晚我們就坐在公園內近距離欣賞煙火，震撼的聲光就在眼前，響聲隆隆，一定要搗著耳朵欣賞煙火。活動結束後已經是半夜，當地郊區也出現大塞車的情形，就這樣度過第一年的國慶日。

第二年的國慶日，我們全家都去老海軍（Old Navy）服飾店買件印著國旗的 T 恤，記得每年國慶日前夕，有不少服飾店都推出印有國旗圖案的衣服與配件，很多人把國旗裝穿在身上，成為慶祝的方式之一。這一年國慶日，來自臺灣的友人全家到費城旅遊，於是我們一起在城市酒館聚會，當天我們品嚐著傳承兩百多年、美國開國元勳曾享用過的佳餚，別具意義。

2015 年的國慶日一早，我從費城第 39 街的漢密爾頓庭院外出跑步，往東方一直跑到德拉瓦河岸，共跑過了 39 條街，但是回家的途中膝蓋不舒服，於是租借費城 Indego 共享單車騎乘返家，然後在家裡看著 ABC 電視臺實況轉播費城市長（Michael Nutter）在獨立廳的演說。記得當時他說：「曾經遇過遊客問我，可不可以和市長合照？我回答當然可以，你可以隨心所欲做你想做的事，因為這裡是美國，一個自由之地，但自由、權利和責任總是綁在一起。」於是我臨時起意，從住家前往獨立廳現場聽演說，但到達現場時，國慶演說已結束，道路上擠滿人群，等著欣賞精彩的國慶日遊行。此外，費城市政廳旁的羅根廣場噴水池會為了慶祝國慶而噴出彩色的水柱，當日下午也會有萬人湧入班傑明富蘭克林大道欣賞免費的戶外音樂會，知名樂團會搖滾熱唱一直到半夜，最後便是費城美術館前精彩的煙火秀，結束一整天的國慶活動。

5 道地國民美食

White Dog Café（左）是美式餐廳的首選

費城的西邊為大學城，擁有最多味美價廉的異國料理餐館；費城的東邊為市中心，能夠嚐到不少當地的特色餐點；費城華埠則有最多的中式、廣式、臺式料理。

大學城異國料理

Così
美式咖啡

在美國，稱為 Café（咖啡館）的店家，除了賣咖啡之外，都會販售餐點。位於費城第 36 街賓大書店旁的 Così 咖啡館，可算是大學城內最受歡迎的店，對我而言，這家咖啡館販賣著類似臺灣燒餅的白麵包（Plain bread），在費城生活，若想要回味臺灣燒餅的味道，一定要到這家店。天氣好的時候，戶外總是坐滿了人，我和朋友也喜歡在 Così 咖啡館外面吃三明治，曬曬太陽，享受片刻悠閒。此外，這家咖啡館也是我放鬆心思、撰寫生活札記的好地方，我常坐在室內靠窗之處，觀看熙攘往來的人群，整理自己的思緒。

最受賓大師生歡迎的 Così 咖啡館

Info

Così

🖥 www.getcosi.com/locations/upenn-96
🏠 140 S 36th St., Philadelphia, PA 19104
☎ （215）222-4545
🕐 週一～五 7:00 ～ 22:00，週末 7:00 ～ 21:00

希臘小姐
地中海料理

費城第 40 街上、靠近胡桃街（Walnut St.）的地方，有一家名為希臘小姐（Greek Lady）的地中海料理，是賓大學生最愛的餐廳之一。每次走路經過時，店內店外總是座無虛席，天氣好的時候，顧客都坐在戶外，盡情地享受美好的陽光與空氣。我在 2015 年首次到這家餐廳時，點了一份希臘捲餅（Gyro，包著餡料的捲餅）套餐，

十分清淡美味。希臘小姐的老闆原本是經
營一輛餐車（Food Truck），生意變好之
後就開店營業，餐車文化也是大學城的餐
飲特色，許多學生都是靠著物美價廉的餐
車飽足三餐。

 Info

Greek Lady
🖥 greeklady.com/
🏠 222 S 40th St., Philadelphia, PA 19104

☎ （215）382-2600
🕘 9:30 ～ 23:00

White Dog Café
美式餐廳

在賓大法學院旁的桑索姆街（Sansom
St.）、靠近第 34 街處，有一家 White Dog
Café（白狗咖啡館），我和賓大師生的首
次接觸就在這家咖啡館。2012 年秋季班
剛開學，所長邀集博士生和師長一起到白
狗咖啡館餐敘，進行師生介紹與交流，但
當時我看著菜單，不太會點餐，只好看旁
邊年輕的助理教授點什麼，跟著他點了一
個漢堡；原來這家店最著名的就是漢堡和
啤酒，這兩樣就是美式餐點的必需品。

每年開學時在白狗咖啡館師生聚餐

2014 年秋季班開學時，所長也是宴請博士生在白狗咖啡館聚餐，這次陣容龐大，有十幾位博士生，而我正準備邁入博士候選人階段，不知不覺已在校園生活兩年多。之後幾次到白狗咖啡館，都是與朋友一起享用啤酒，有時認識朋友，有時歡送朋友，在白狗咖啡館享用啤酒的友誼，也是一種回憶。

吉力馬札羅餐廳
東非料理

有很多非洲裔黑人居住在費城西區，附近有一些道地的非洲餐廳，位於第 43 街和栗樹街（Chestnut St.）的吉力馬札羅餐廳，就提供美味的非洲料理。這家餐廳以位於東非坦尚尼亞、素有非洲屋脊之稱的吉力馬札羅火山（Mount Kilimanjaro，高度 5,895 公尺）命名，提供道地的東非塞內加爾日常飲食。

在我留學費城期間，住在餐廳旁邊的學弟們天天看著這家生意很好、但不知賣什麼的餐廳，抱著好奇進去嚐鮮，一吃就就喜歡上這家非洲餐廳。我喜歡這家店的烤魚、羊肉、牛肉等主餐，再配上特製沙拉、小米飯等副食，滋味十足，加上來自塞內加爾的女老闆全家服務都很親切，是很享受的異國料理餐館。

White Dog Café
- www.whitedog.com/location/?University-City-1
- 3420 Sansom St., Philadelphia, PA 19104
- （215）386-9224
- 午餐｜週一～五 11:30 ～ 14:30；早午餐｜週末 9:30 ～ 14:30；晚餐｜週一～四 17:00 ～ 21:30，週五～六 17:00 ～ 22:00，週日 17:00 ～ 21:00

在吉力馬札羅餐廳享用東非塞內加爾料理

Kilimandjaro Restaurant
- 4317 Chestnut St., Philadelphia, PA 19104
- （215）387-1970
- 12:00 ～ 24:00

Manakeesh Café Bakery

中東甜點

費城西區也住著許多來自中東地區的回教徒，因而有不少美味的中東料理，位於第 45 街和胡桃街的中東甜點餐廳 Manakeesh Café Bakery，主要賣的是黎巴嫩當地的餐飲和點心。記得一位朋友在 2015 年春天帶我到這裡品嚐中東最著名的甜點 Baklava（果仁蜜餅），吃這點心一定要配白開水，才不會覺得太甜太膩，另外，這裡也有著名的土耳其咖啡（Turkish coffee），特殊的手工現煮咖啡，濃郁香醇，充滿異國情調。這餐廳的沙拉、口袋餅夾鷹嘴豆泥（Hummus）、羊肉漢堡、現烤披薩等料理，別具中東風味，值得品嚐。

傳統黎巴嫩烘焙美食

Manakeesh Café & Bakery

💻 www.manakeeshcafe.com/
🏠 4420 Walnut St., Philadelphia, PA 19104
☎ （215）921-2135
🕐 週一〜四 7:30 〜 21:30，週五 7:30 〜 13:00、14:15 〜 22:00，週六 7:30 〜 22:00，週日 8:30 〜 21:00

薩德清真餐廳

回教料理

在 Manakeesh Café Bakery 對面有另一家回教料理：薩德清真餐廳（Saad's Halal Restaurant），記得 2013 年暑假，愛格在第 45 街附近的空手道館參加檢定，當天檢定過關後，我們來到這轉角處的餐廳吃了羊肉三明治和漢堡，帶有油脂的羊肉味道濃郁，吃得十分過癮。之後我也帶朋友去吃，點了蔬菜三明治，麵包內淋上老闆特調的白醬，相當美味，偶爾一個人坐在店內用餐，也是一種單純的享受。

在薩德清真餐廳享用羊肉三明治和漢堡

羊肉三明治

蔬菜三明治

中東風味餐館

◆*Info*

Saad's Halal Restaurant

📧 saadhalal.com/

🏠 4500 Walnut St., Philadelphia, PA 19139

☎ （215）222-7223

🕐 週一～四 11:00 ～ 21:00，週五～六
11:00 ～ 22:00

Sitar India
印度料理

2014 年秋季，我和賓大研究生宿舍的韓裔美籍室友首次相約聚餐、彼此認識交流，我提議吃印度料理，他也喜歡印度菜，對大學城內的三家印度餐廳頗有研究，建議到費城第 38 街上的 Sitar India 享用 Buffet（自助餐，又稱包肥餐），當日晚餐菜色選擇很多且便宜，一人 13 美元，充分滿足口腹之慾，也與室友聯繫情感，他聽我說文章需要編輯修改，義務地幫我編修部分內容。

在吃過這家餐廳之後，每次與朋友相約在賓大，我幾乎都會帶他們到這裡品嚐印度菜。有一次我自己來用餐，記得那是 2015 年暑假搬家之後，到此犒賞自己的勞累，大吃飽足一頓，當天餐廳人很少，一個人吃得很舒服。看著窗外炙熱的陽光，老闆娘問我：「你最喜歡哪道菜？」我回她說：「那道起司菠菜泥（Palak Paneer）」，印度餐廳的濃稠菠菜泥加上起司塊，淋在白飯上真是絕配。吃完印度料理，在結帳前，別忘了用手在香料盤內抓一把香料入口，這樣才算完成印度料理體驗。

與友人在 Sitar India 聚餐

Sitar India

🖥 www.sitarindiapa.com/

🏠 60 S 38th St., Philadelphia, PA 19104

☎ （215）662-0818

🕙 週日～四 11:30 ～ 22:00，週五～六 11:30 ～ 22:30，週二店休

Shake Shack

美式漢堡

　　發源於 2001 年在紐約麥迪遜廣場花園（MSG）的一個熱狗攤位，Shake Shack 近年來在全美各地區快速地展店，在 2014 年時大學城也開了一家 Shake Shack 漢堡店，就在費城第 33 街和栗樹街的轉角處。

　　這家漢堡店位於卓克索大學的新大樓內，記得這棟大樓的基地興建工程是從 2012 年我到賓大念書時開始，因而前兩年我上下課途中都會看著這興建中的工程。

　　位於新大樓一、二樓的 Shake Shack 漢堡店，偌大的店面特別吸引學生的注意，肉汁十足的牛肉漢堡是很多學生的最愛。剛開幕不久，我與內人首次去吃 Shake Shack 漢堡配可樂，坐在二樓的窗戶旁，轉換心境、休息片刻。

大學城內的 Shake Shack 漢堡店

Shake Shack 著名的牛肉漢堡

Shake Shack

💻 www.shakeshack.com/location/university-city/

🏠 3200 Chestnut St., Philadelphia, PA 19104

📞 （267）338-3464

🕐 週日～三 10:30 ～ 22:00，週四～六 10:30 ～ 23:00

Sabrina's Café
美式餐廳

費城的年輕人喜愛到 Sabrina's Café 吃早午餐，每次我騎單車經過位於費城第 34 街上的這家咖啡館，總是順便欣賞其典雅的古蹟建築，灰色石牆搭配著紅色的木窗框。Sabrina's Café 最著名的餐點之一是法式吐司、安格斯牛肉漢堡，分量很大的法式土司包著奶油、香蕉、草莓等水果，另外，油而不膩的安格斯牛肉大漢堡加上薯條，是當地男女老少最愛的餐點，也成為大學城最受歡迎的早午餐。

Sabrina's Café 的法式吐司牛肉堡

Sabrina's Café

💻 sabrinascafe.com/

🏠 227 N 34th St., Philadelphia, PA 19104

📞 （215）222-1022

🕐 週日～一 8:00 ～ 16:00，週二～四 8:00 ～ 21:00，週五～六 8:00 ～ 22:00

安妮阿姨
德式點心

美國著名的連鎖點心店安妮阿姨（Auntie Anne's），在美東任何城市總會看到它的蹤跡，賣著甜裡帶鹹的美味傳統德國結麵包，是大人、小孩最愛的點心店。在費城，我最常去大學城內的分店，這家店位於胡桃街和第 34 街的轉角處，暑假期間帶著愛格去校園念書之時，總會買一份肉桂糖麵包塊（Cinnamon Sugar Pretzel Nuggets），鹹鹹的小德國結麵包

愛格每到校園必買安妮阿姨的肉桂糖麵包塊

塊，淋上甜甜的肉桂砂糖，成為我們最喜歡的點心之一。

Auntie Anne's

🖥 www.auntieannes.com/

◆ **Shops at Liberty Place**

🏠 1625 Chestnut St., Spc 206, Philadelphia, PA 19103

☎ 215-564-4747

◆ **Philadelphia Subway #42542**

🏠 910 Chestnut St., Philadelphia, PA 19107

☎ (215) 923-5600

巴比漢堡皇宮

美式漢堡

費城第 39 街和胡桃街轉角處有一家巴比漢堡皇宮（Bobby's Burger Palace），是我往返超市與宿舍之間所必經之店，人潮總是絡繹不絕。有一回約朋友去吃，發現這家店的漢堡是以美國主要都市命名，凸顯各個都市的獨特風味，朋友點了芝加哥漢堡，我則點了費城漢堡，再配上可樂，當日下著大雷陣雨的傍晚，我們就在巴比漢堡皇宮吃著漢堡。

巴比漢堡皇宮的漢堡以美國都市命名

Bobby's Burger Palace

🖥 bobbysburgerpalace.com/

🏠 3925 Walnut St., Philadelphia, PA 19104

☎ （215）387-0378

🕐 週日～四 11:00 ～ 22:00，週五～六 11:00 ～ 23:00

漢唐御廚

川菜館

賓大的華人師生幾乎都很喜歡位於第 37 街和市場街（Market St.）的漢唐御廚（Han Dynasty），這家川菜館提供幾道獨特的臺灣料理：三杯雞、臺式香腸、魚香茄子、蔥爆牛肉、五花肉、五更腸旺等，我常邀請朋友到此用餐。記得我在 2015 年夏天邀約博士生在此舉辦臺灣之夜，無論當地美國人或歐洲人都很喜歡這家餐館的料理，朋友們在漢唐御廚吃著臺式晚餐，配上檸檬伏特加酒，肯定能夠賓主盡歡。

漢唐御廚道地的川菜與臺灣菜

邀請同學在漢唐御廚品嚐臺灣菜、介紹臺灣美食

Han Dynasty

handynasty.net/ucity/

3711 Market St., Philadelphia, PA 19104

☎ （215）222-3711

⏱ 11:30 ～ 22:00

生計麵館

港式飲茶

我和博士班同學首次聚餐就在生計麵館（Sang Kee Noodle House），這家餐館位於第 36 街和栗樹街的轉角處，在喜來登飯店的一樓，門口擺放著一尊巨大的兵馬俑（美國的高檔中式餐廳常會在門口擺放一尊兵馬俑），主要是提供廣東料理、港式飲茶的中式餐館。

在這家餐館用餐，我每次都是點燒鴨飯（Roast Duck Rice Bowl），說到燒鴨飯，還有一段小故事：記得在我留學的第一年，某天博士班同學在下午兩點下課後遇到我，問我吃過午飯了嗎？我說我有帶午餐，他就問我帶什麼當午餐，我說：「帶了貝果麵包」，他就笑笑對我說：「這不是正餐」，於是邀我一起去生計麵館吃飯。那天我點了燒鴨飯，一大碗白飯、五片燒鴨肉、加上些許菠菜的燒鴨飯約 10 美元，那時覺得很貴，但其實蠻好吃的，尤其是在美國吃了一陣子貝果麵包與三明治之後，能吃到燒鴨飯實在感動。從此以後，我只要去生計麵館用餐，大多是點燒鴨飯，一大碗的飯配著幾片燒鴨肉和菠菜，吃完後身心靈都很飽足。

每次到生計麵館必點的燒鴨飯，吃完總是很感動　　　　與同學在生計麵館聚餐

Sang Kee Noodle House

🖥 sangkeenoodlehousephiladelphia.com/33318

🏠 3549 Chestnut St., Philadelphia, PA 9104

☎ （215）387-8808

🕐 週日～四 11:00 ～ 21:45，週五～六 11:00 ～ 22:45

Ochatto

日式料理

　　2014 年的秋天，在費城第 36 街和栗樹街開了一家日式料理 Ochatto，這家店的樓上就是賓大研究生宿舍。2015 年初，友人帶我到此品嚐日式手工拉麵，寒冬天裡吃一碗牛肉拉麵，倍感溫暖。

　　Ochatto 也賣珍珠奶茶，日後我常和朋友約在這家店，喝一杯珍珠奶茶交流情誼。記得 2015 年初夏，和一位研究員相約在這裡喝珍珠奶茶，這幾年他在賓大工作與課業同時並進，他告訴我在賓大當研究員的福利是修課可以獲得學費補助，例如每年修一門課學費約 5,000 多美元，校方會將這門課的學費金額匯入薪資帳戶，

Ochatto 的手工牛肉拉麵

當做額外收入，但是要扣 30% 左右的稅，換句話說，每修一門課自己只需支付約 1,500 美元。

　　另外，有一次朋友生日，她和兩位女兒邀請我一起用餐，送我回宿舍之時，我帶她們到此喝杯珍珠奶茶，順便介紹大學

與愛格在校園內談天，喝 Ochatto 珍珠奶茶

城環境，友人的女兒看到宿舍附近的環境就愛上這間學校，希望長大後能在此念大學。2015 年暑假，我們全家到此各點一杯珍珠奶茶，然後在賓大校園內的步道散步，坐在小徑的椅子上，天南地北的聊天，在校園喝著珍珠奶茶，享受著簡單的天倫之樂。

Ochatto

🖥 ochatto.eat24hour.com

🏠 3608 Chestnut St., Philadelphia, PA 19104

☎ （215）382-5555

🕐 週一～四 11:15 ～ 21:30，週五～六
11:15 ～ 22:30，週日 12:15 ～ 21:30

市中心特色餐點

Popeyes
美國南方炸雞

2013 年春天，我開車到芝加哥參加會議，當地朋友向我介紹美國南方路易斯安那州（Louisiana）的美食，融合了法國殖民、黑奴文化及南方特有的海鮮。開車回費城的路上，就在休息站內看到這家標榜著路易斯安那州紐奧良（New Orleans）南方風味的炸雞速食店 Popeyes，熱騰騰、香噴噴的炸雞，正好可以大快朵頤一番。

在費城市區，位於市政廳附近、第 15 街和栗樹街轉角的 Popeyes，店內賣著

外酥內嫩、香而不膩的炸雞，是我們最愛炸雞速食店。這家店的招牌點心也是美國南方特色，包括捲心菜沙拉（Cole Slaw）、印地安薯條（Cajun Fries）、紅豆飯（Red Beans & Rice）、司康餅（Biscuits）等，都是我喜愛的副食，據説這些幾樣副食早期是南方各州貧窮孩童的食物。此外，這家店有無限暢飲的蔗糖紅茶，搭配著炸雞，可説是絕配，雖然在 Popeyes 吃完炸雞後總是有罪惡感，但有時背負著罪惡感吃南方風味炸雞，也是一種樂趣。

一吃就上癮的 Popeyes 炸雞

Info

Popeyes Louisiana Kitchen
🖥 popeyes.com
🏠 1516 Chestnut St., Philadelphia, PA 19102
☎ （215）665-8470
🕐 週日～四 10:00 ～ 23:00，週五～六 10:00 ～ 24:00

Philly Pretzel Factory
德國結鬆軟麵包

費城有著最獨特的德國結鬆軟麵包（Philly Soft Pretzel），全市各類重要活動

灑著粗鹽的長條型德國結鬆軟麵包

都會提供這種灑著粗鹽的長條型麵包（約 30 公分）。留學期間，賓大開學第一週，隨處都有德國結鬆軟麵包，免費供學生盡情享用。這麵包成為費城名產，每年 4 月 26 日是德國結麵包節（National Pretzel Day），著名的連鎖店 Philly Pretzel Factory 會提供全城路過其分店的人免費享用麵包。

記得在費城所舉辦的任何馬拉松賽事，賽後肯定有著吃不完的德國結鬆軟麵包，我也在費城參加過兩、三場跑步賽，完賽總得吃兩、三個德國結鬆軟麵包，補充體力、提振精神。

Philly Pretzel Factory

🖥 phillypretzelfactory.com

🏠 1532 Sansom St., Philadelphia, PA 19102

☎ （215）569-3988

🕐 週一 4:00 ～ 24:00，週二～五 00:00 ～ 24:00，週末 7:00 ～ 17:00

Pop's Homemade Italian Ice
義大利冰淇淋

夏天吃冰是種享受，在費城也不例外，費城最著名的冰品是義大利水冰（Italian Water Ice），水冰的由來可追溯到古羅馬時期：國王在夏天派一位跑得最快的士兵，跑到最高的山上取回一袋雪，混合著當季的水果和蜂蜜，即成為水冰，是當時羅馬帝國王公貴族的夏季甜品。

費城有著最多的義大利後裔，市區也有小義大利區，在 1932 年夏天，一位義大利老爹菲力普（Filippo）開始在費城南區販售手搖義大利水冰，一夕間聲名大噪，除了是義大利裔最愛的夏季點心，更成為費城最具代表性的冰品，因而在費城到處都可以看到這義大利老爹手工冰品店（Pop's Homemade Italian Ice），提供道地的美味義大利冰淇淋（Hand Dipped Ice Cream）。

創始於 **1932** 年的義大利老爹手工冰品店

Pop's Homemade Italian Ice

🖥 http://www.popsice.com/

🏠 1337 Oregon Ave., Philadelphia, PA 19148

☎ （215）551-7677

富蘭克林噴泉
手工冰淇淋

除了義大利老爹手工冰品店之外，費城人很喜歡去一家富蘭克林噴泉（The Franklin Fountain）吃冰品，這家店的建築物別具特色，由貝雷家族（Berley）在 2002 年購入後從整修翻新，當時剛從名校威廉與瑪麗學院（William & Mary College）哲學科系畢業的弟弟，返回費城後對前途感到茫然，加上在費城從事古董

商的哥哥,兩兄弟一拍即合,在 2004 年共同創業,開了這家手工冰淇淋店,以哲學的理念,在歷史建築物內賣起手工冰淇淋,除了深受當地人喜愛,也是遊客必訪之地。

Info

The Franklin Fountain

🖥 www.franklinfountain.com/menu/
🏠 116 Market St., Philadelphia, PA 19106
☎ (215) 627-1899
🕐 11:00 ～ 24:00

富蘭克林噴泉的招牌

富蘭克林噴泉的歷史建築

Marchiano's Bakery
義式番茄派

費城的方形義式番茄派（Tomato Pie）是蠻獨特的披薩，在馬納揚克（Manayunk）地區有一家名為馬爾基亞諾的烘焙坊（Marchiano's Bakery），提供全費城最道地的義式番茄派，這家店於 1984 年開幕，原本只是義大利裔的馬爾基亞諾家族在排屋的地下室烘烤披薩自己享用，但是整個街區的居民都受不了香味的引誘，鄰居們鼓勵馬爾基亞諾家族開店販售好吃的義式番茄派，就此在費城闖出了名號。

這家烘焙坊的另一項招牌是 Oreganata 麵包，是將包著特調番茄醬及香料的長條麵團捲成直徑約 30 公分的圓形拿去烤，若單買一份，老闆會切一段拱形麵包給你，附贈著名的手工調製番茄沾醬（Dipping Sauce），買一份 Oreganata 麵包，配上番茄沾醬，格外香濃好吃。

info

Marchiano's Bakery
- 🖥 marchianosbakery.com/
- 🏠 4653 Umbria St., Philadelphia, PA 19127
- ☎ （215）483-8585
- 🕐 週二～五 8:00 ～ 18:00，週末 8:00 ～ 16:00

獨特的義式番茄派

Isgro Pastries
義大利甜點

"Holy Moly Cannoli" 是美國小學生的驚訝與讚嘆詞，其中的 Cannoli 其實是著名的義大利甜點，費城最好吃的義大利甜點莫過於位在第 10 街的 Isgro Pastries，標榜著「設計甜美」（Sweet by Design）的店，已經有超過百年的歷史。

由 Isgro 家族在 1904 年創立，製作各式各樣的蛋糕、點心，強調美味與美學並重的甜點價值觀，店內總是擺放著很漂亮的客製婚禮蛋糕，這家店的 Cannoli 可說是全費城最好吃的，但對於亞洲人而言，也許會覺得太甜，所以一定要配上一杯熱咖啡，味蕾才會均衡。

Isgro Pastries 的招牌甜點 Cannoli

Isgro Pastries

🖥 www.bestcannoli.com/

🏠 1009 Christian St., Philadelphia, PA 19147

☎ （215）923-3092

🕐 週一～六 8:00 ～ 18:00，週日 8:00 ～ 16:00

百年歷史的 Isgro Pastries

Isgro Pastries 的美味甜點

Moo Jin Jang
韓國料理

費城第 64 街和市場街附近有一家道地的韓國餐廳 Moo Jin Jang，這是在費城上英文班的韓國友人所推薦的餐廳。記得在 2014 年首次造訪時下著雪，將車停在積雪很厚的巷子，這種寒冬天的確適合吃韓國料理，餐廳的外觀很不起眼，進到店裡，外場只有一位韓國媽媽在服務，廚房也只有一位廚師，兩個人經營起這家餐廳。當日我們點了石鍋拌飯、石鍋麵，泡菜和小菜都很好吃，吃得很過癮，除了滿足口慾，又可驅寒。之後我也會約朋友一起去這家餐廳，部隊鍋、海鮮煎餅、鍋巴飯等都很道地，每隔一陣子去品嚐道地韓國料理，都會覺得特別滿足。

最道地的韓國料理 Moo Jin Jang

 Info

Moo Jin Jang
🏠 6443 Market St., Upper Darby, PA 19082
☎ (610) 734-1366

Delancey Street Bagels
貝果

我在費城所吃過最好吃的貝果（Bagel）是德蘭西街貝果（Delancey Street Bagels）

費城郊區的德蘭西街貝果，提供最多口味的貝果

位於費城郊區猶太人居住的溫尼伍德地區，在溫尼伍德購物中心（Wynnewood Shopping Center）的轉角處，自 1989 年開幕以來，提供約 20 種各式各樣的貝果，包括起司、藍莓、巧克力、肉桂葡萄、雞蛋、穀物、蒜頭、穀物燕麥、洋蔥、原味、罌粟籽（Poppy）、南瓜、裸麥、芝麻、全麥、混合、綜合等口味，十分有嚼勁的大貝果，幾乎成了我在費城求學的最佳食物。

一般而言，美國人不會單吃貝果麵包，早餐都是點貝果面包，夾著奶油、雞蛋等內餡一起吃，再配上一杯咖啡，約 7 美元左右。我很喜歡這家店的貝果，每年我可以吃上 500 個貝果，我最愛的口味是洋蔥、蒜頭、南瓜、罌粟籽、肉桂葡萄、穀物燕麥，這家店的貝果每天現做，每個貝果 1.2 美元，若當日沒賣完會在隔天促銷，一大袋十個各式口味的貝果，只賣 0.6 美元，我經常去買一、兩袋貝果，老闆教我把剩餘的貝果放在冷凍庫，想吃的時候拿出冷凍庫退冰，過 10 分鐘即可食用，一樣地有嚼勁好吃。

一年吃上 500 個貝果

Delancey Street Bagels
🖥 www.delanceystreetbagels.com/
🏠 50 E Wynnewood Rd., Wynnewood, PA 19096
☎ （610）896-8837
🕐 6:30 ～ 17:30

Wawa
義式三明治

在費城生活，對於很多商店或口語，我都曾感到困惑，例如，費城有很多 CVS 藥妝店，總是好奇為何稱它為 CVS？費城著名的連鎖超市為 ACME，什麼是 ACME？費城分行最多的銀行是 PNC，心想著什麼是 PNC？我最常去的加油站是 SUNOCO，什麼是 SUNOCO？最後，費城人都會去的便利商店是 Wawa，什麼是 Wawa？這些商店的縮寫總是讓我很困惑，困惑程度僅次於記住美國人的名字。

花了一番心思搞懂這些商店，原來 CVS 藥妝店代表著重視顧客價值的商店（Customer Value Store）；ACME 超市則是指顧客代表一切（A Customer Means Everything）；PNC 銀行是匹茲堡國家公司（Pittsburgh National Corporation）的縮寫；SUNOCO 加油站則是太陽石油公司（Sun Oil Company）的縮寫；而 Wawa 便利商店的創始店位於賓州一處加拿大野雁聚集之處，當地的印第安人稱加拿大野雁（Goose）為 Wawa，於是這家店就以印第安語命名。

Wawa 便利商店販售著最多樣物美價廉的食物，在費城生活的人必定去過 Wawa，我也認為沒去過 Wawa 便利商店的人，應該不算住過費城。每年費城的國

慶日節慶都是由在地企業 Wawa 所贊助，國慶日前夕會在獨立廳前的大草地上舉辦荷基日（Hoagie Day），Hoagie 這個詞是費城自創，代表義式三明治，自 1992 年起認定 Hoagie 為費城道地三明治，節慶當天免費發送 1 萬 7 千個多個 Hoagie，供大家享用，因此 Wawa 便利商店販售的 Hoagie，是在費城必吃的三明治。

Wawa 便利商店提供最好吃的 Hoagie 三明治

Wawa

🖥 www.wawa.com

🏠 1707 Arch St., Philadelphia, PA 19103

☎ （215）977-9558

🕐 24 hrs

失眠餅乾販售好吃的溫熱巧克力餅乾

失眠餅乾

巧克力餅乾

　　在費城除了有幾家失眠餅乾店，也有失眠餐車，販售著好吃的巧克力餅乾，是我一位學妹最愛的點心。這家店最著名的點心就是三倍巧克力大餅乾（Triple Chocolate Chunk Cookie），一塊很甜、很大、很好吃的巧克力餅乾。濃厚的巧克力餅乾可請店家現烤加熱，有些朋友會把巧克力大餅乾當作午餐，對我而言，這是用來紓壓的餅乾，吃完之後倍感舒暢。

Insomnia Cookie

🖥 insomniacookies.com

🏠 108 S 16th St., Philadelphia, PA 19102

☎ （215）544-2989

🕐 週一～四 9:00 ～ 15:00，週五 9:00 ～ 16:00，
　週六 11:00 ～ 16:00，週日 11:00 ～ 15:00

布魯諾兄弟
三明治

布魯諾兄弟三明治（Di Bruno Bros.）算是費城三明治的名店，是一家自1939年營業至今的老牌店家，市政廳附近的店總是人潮熱絡，生意很好。留學期間，我所屬的設計學院內有演講、論壇等活動，都會訂這家店的外送餐點，任何口味的三明治都很好吃，而我最愛的是火雞和牛肉三明治。另外，這家店的沙拉也很棒，點一份沙拉可以飽足一餐，再加上這裡還有很多香濃好吃的起司，若是喜歡起司的人，一定要到這家店用餐。

Di Bruno Bros. Rittenhouse Square
- dibruno.com/locations/rittenhouse-square/
- 1730 Chestnut St., Philadelphia, PA 19103
- （215）665-9220
- 週一～五 7:00 ～ 20:30，週六 7:00 ～ 20:00，週日 7:00 ～ 19:00

哥倫布
美式咖啡

費城人公認最好喝的咖啡在哥倫布咖啡館（La Colombe），位於費城市政廳、里滕豪斯廣場旁的這兩家哥倫布咖啡館最有人氣，總是充滿了各式各樣的人在此沉思、觀看窗外人來人往的景象，這家咖啡館在古都費城生活中，是旅人歇息的重要角落，能在此啜飲一杯美式咖啡，不虛此行。

在哥倫布啜飲一杯美式咖啡，不虛此行

La Colombe Dilworth Plaza
- www.lacolombe.com
- 1414 South Penn Square, Philadelphia, PA 19102
- （215）977-7770
- 週一～五 6:30 ～ 19:00，週末 8:00 ～ 19:00

費城華埠食記

費城華埠（Chinatown）起源於 19 世紀末，當時中國廣東人到此開設洗衣店和餐廳，到了 1960 年代，費城為建設快速道路和賓州會展中心（Pennsylvania Convention Center），拆除許多建築物，很多華人流離失所。

目前費城和中國天津市為姐妹城市，在 1982 年時，天津市政府贈送費城一座清代建築風格的牌樓，走進費城的中國城，即可看到這座約 12 公尺高的牌樓，上面寫著「費城華埠」。

事實上，我剛到美國時，鮮少到費城華埠走動，主要是這地區的環境較為髒亂，有些生鮮超市或轉角的海產店不時發出魚腥味，在賓大的前兩年，也較少在此聚餐。倒是內人和愛格較常到此用餐，也曾帶我去吃蘭州拉麵，這附近有一家旺旺飯店（Wong Wong Chinese Restaurant），賣著道地的廣東炒麵和燒鴨飯，它的廣東炒麵堪稱全費城之最，另外，新陶芳餐廳的臺式料理，總讓人想起故鄉情懷。

旺旺飯店（Wong Wong Chinese Restaurant）
🏠 941 Race St., Philadelphia, PA 19107
☎ （215）928-9898

新陶芳（Empress Garden）
💻 www.empressgardenphiladelphia.com/
🏠 108 N 10th St., Philadelphia, PA 19107
☎ （215）592-0739
🕐 11:00 ～ 21:30

中國城入口處的牌樓

費城華埠是異鄉遊子嚐家鄉味解饞的好地方

聚福金閣餐廳提供最好吃的龍蝦料理

在醉仙樓酒家吃港式飲茶

與友人在東方明珠餐廳聚餐，歡慶過年

　　我會帶家人和朋友去醉仙樓酒家（Joy Tsin Lau Chinese Restaurant）吃港式飲茶，鳳爪、炸蝦、粉腸、豆豉排骨、燒賣、高麗菜等都很好吃。另外，對面有一家聚福金閣（Ocean Harbor）餐廳，港式飲茶也很好吃，2015年夏初友人請我到此吃飯，點了兩隻蔥爆大龍蝦、雙菇炒麵、筍豆炒牛肉等，吃得很過癮的一餐，沒吃完的龍蝦還打包回宿舍繼續吃，這美食美味永留心頭。

　　2015年農曆新年期間，一位訪問賓大的學者友人邀約幾位師生在東方明珠大酒樓（Ocean City Restaurant）一起聚餐、歡慶過年，由於留學期間和師生坐在圓桌上聚餐的情形並不常見，當日一桌師生一起用餐慶祝過年，留下深刻印象。

Info

醉仙樓酒家（Joy Tsin Lau Chinese Restaurant）
🖥 www.joytsinlaurestaurant.com/
🏠 1026 Race St., Philadelphia, PA 19107
☎ （215）592-7226

聚福金閣（Ocean Harbor）
🏠 1023 Race St., Philadelphia, PA 19107
☎ （215）574-1398

東方明珠大酒樓（Ocean City Restaurant）
🖥 www.oceancityphilly.com/
🏠 234 N 9th St., Philadelphia, PA 19107
☎ （215）829-0688
🕐 11:00 ～ 23:00

與友人在好世界餐館用餐

有一次我的同學生日，在一家紅煌川菜館聚餐，這家餐館有包廂可唱 KTV，訂一個包廂最低消費 220 美元，可以折抵餐點費用，No BYOB（Bring Your Own Bottle），自己帶酒要付開瓶費，當晚我帶著日本月桂冠清酒去，酒足飯飽之餘，也是我在留學期間首次的 KTV 歡唱時光，之後還外帶了兩瓶琴酒（Gin），一路上三個男同學在半夜治安不佳的費城街頭，邊走邊聊邊喝琴酒，留下友誼印證。

費城華埠有一家點心園，這家店的小籠包、夫妻肺片、餛飩等都很好吃，有一回友人花了 7 小時從匹茲堡搭車到此聚餐，然後再去杏花邨甜品店（Heung Fa Chun Sweet House）吃一碗豆花。另外，有一家臺灣料理餐館好世界（Ho Sau Gai），據說廚師是從臺北永康街聘請過來，我和朋友會相約去吃滷肉飯、牛肉麵、臺式鹹湯圓，滷肉飯特別好吃，吃完後到附近的功夫茶（Kung Fu Tea），這家店標榜著「選茶不馬虎、泡茶真功夫」，也是費城華人最愛的珍珠奶茶店。

 Info

紅煌川菜館（Red Kings 2 Restaurant）
🖥 www.redkings2restaurant.com
🏠 1006 Race St., Philadelphia, PA 19107
☎ （215）238-1392
🕐 週一、三 16:00 ～ 1:40，週四、日 12:00 ～ 1:40，週五～六 12:00 ～ 2:40，週二店休

點心園（Dim Sum Garden）
🖥 www.dimsumgardenphilly.com/
🏠 1020 Race St., Philadelphia, PA 19107
☎ （215）873-0258
☎ 10:30 ～ 22:30

杏花邨甜品店（Heung Fa Chun Sweet House）
🏠 112 N 10th St., Philadelphia, PA 19107
☎ （215）238-8968

好世界（Ho Sau Gai Chinese Food）
🏠 1000 Race St., Philadelphia, PA 19107
☎ （215）922-5883

功夫茶（Kung Fu Tea）
🖥 www.kungfutea.com
🏠 1006 Arch St., Philadelphia, PA 19107
☎ （267）758-2871
🕐 週日～四 10:30 ～ 24:00，週五～六 10:30 ～ 1:00

6 費城的交通

SEPTA 區域鐵路，行駛在都市與郊區之間

國際機場

美國東岸有三個主要國際機場，分別為紐約甘迺迪國際機場（John F. Kennedy International Airport，JFK，共有 8 個航廈，一年約 6 千萬旅客進出）、紐澤西紐華克自由國際機場（Newark Liberty International Airport，EWR，共有 3 個航廈，一年約 4 千萬旅客進出）、費城國際機場（Philadelphia International Airport，PHL，共有 6 個航廈，一年約 3 千萬旅客進出）。

目前臺灣並沒有航班直飛費城國際機場，因此要到費城有三種方式可選擇：1. 經濟型轉機至費城國際機場、2. 豪華型直飛紐約甘迺迪國際機場、3. 經濟型直飛紐澤西紐華克自由國際機場，飛抵美東這三個主要國際機場之後，都可以接駁抵達費城市區。

經濟型轉機至費城國際機場

若你的旅行時間充裕，又想節省旅費，訂便宜一點的機票，經由日本或美國境內轉機的方式抵達費城，是一種不錯的選擇。費城國際機場是美國航空（American Airlines，AA）在美東的營運總部，因此有許多美國航空的航班最終都會飛抵費城機場。臺灣桃園國際機場起飛的美國航空航班，中途有兩個轉機點（2 Stops），一個在日本成田國際機場（NRT），轉機後進入美國洛杉磯國際機場（LAX），之後再飛抵費城國際機場（TPE-NRT-LAX-PHL），這樣一趟最短時間約 27 小時，更有航班要花 30 小時以上，然而，機票價格有時候非常優惠，非旺季約臺幣 4 萬元左右，也常有臺幣 4 萬元以內的票價，我在 2004 年首次去費城時，為了節省機票費用，曾利用這種中途在日本和美西轉機的方式抵達費城，也可趁著轉機之際，在機場內外附近走馬看花，紓解長時間飛行的疲勞。

另外，美國聯合航空（United Airlines，UA）有許多航班從臺灣起飛，中途在舊金山國際機場（SFO）轉機一次後，飛抵費城（TPE-SFO-PHL）。這樣一趟飛行時間較短，約 25 小時，價格也比美國航空公司便宜一些，有時可以訂到臺幣 4 萬元以內的機票，倘若沒有特殊航空公司偏好的話，搭乘聯合航空轉機抵達費城國際機場，也是一項不錯的選擇。

當你抵達費城國際機場之後，即可以選擇搭乘火車、計程車、公車進入市區，費城機場與市區的接駁算是方便。

從費城國際機場到市區

飛抵費城國際機場之後，可以選擇搭乘機場線區域鐵路（Airport Line Regional Rail）或計程車進入市區。機場線區域鐵路每 30 分鐘發一班車，從清晨到半夜 12 點都有車班，發車後約 30 分鐘即可抵達費城市區各個主要車站，票價約 9 美元，是很經濟實惠且便利的選擇。

若您行李較多，加上長途飛行之後的勞累，選擇搭計程車進入市區，也是很不錯的方式。搭乘計程車進入費城市區，20 分鐘左右即可抵達，費用約 30 美元，再加上小費，約 35 ～ 40 美元不等。

豪華型直飛紐約甘迺迪國際機場

紐約甘迺迪國際機場幾乎是各家航空公司的主要營運基地，臺灣的中華航空（China Airlines）與長榮航空（EVA Airlines）都有直飛班機抵達紐約甘迺迪國際機場，飛行時間約 15 小時。華航的票價算是很優惠，非旺季來回約臺幣 3 萬多元，旺季來回約臺幣 4 ～ 5 萬元左右，華航也會提供留學生優惠票價，我在 2012 年 8 月到費城進修即搭乘華航，當時留學生優惠票價約臺幣 3 萬元，算是很划算的選擇。但有時華航的班機會誤點，萬一因為航班延誤而在深夜飛抵甘迺迪國際機場，除非有親友接機，否則將可能影響整個行程。

另一個選擇是搭乘長榮航空，直飛時間約 15 小時，機票較貴，非旺季常高達臺幣 4 ～ 5 萬元，暑假旺季都要臺幣 5 ～ 6 萬元或更高，當然有時也會選到較便宜的時段。依我留學期間搭乘長榮航班的經驗，很少發生誤點事件，而且機上餐飲與服務也都不錯。另外，長榮航空公司提供紐約甘迺迪國際機場到費城市區之間的免費接駁車服務，只要預先向航空公司告知要搭乘接駁車即可，因此，當你飛抵紐約甘迺迪國際機場之後，即可搭乘長榮航空的接駁車，往南約 3 小時左右的車即抵達費城市區。

經濟型直飛紐華克自由國際機場

紐澤西州的紐華克自由國際機場是美國聯合航空在美東的營運總部，多數航班都會飛抵紐華克自由國際機場。從臺灣桃園國際機場起飛的聯合航空班機，中途在舊金山國際機場轉機後飛抵紐華克自由國際機場（TPE-SFO-EWR）。從臺灣轉機飛抵紐澤西紐華克自由國際機場的飛行時間約 22 小時，機票價格便宜，非旺季約臺幣 3 萬多元，算是很經濟實惠。但除非你想要順便到紐澤西州遊玩或拜訪親友，否則從紐華克自由國際機場到費城還要搭乘火車，全程的交通時間要再花上約 3 個小時才會到費城。

 # 都會區的公共運輸

費城最重要的幾個公共運輸車站分別為費城車站（30th Street Station）、郊區車站（Suburban Station）、市政廳站（City Hall）、傑佛遜車站（Jefferson Station，舊名為市場東站 Market East Station）、第 34 街車站（34th Street Station）。以費城車站為東西向的中心點，向東分別為郊區車站、市政廳站、傑佛遜車站，向西為大學城的第 34 街車站。

費城都會區的公車、地面輕軌、地鐵、區域鐵路，都是由賓州東南運輸局（Southeastern Pennsylvania Transportation Authority，簡稱 SEPTA）經營，每天約有 1 百萬人次使用 SEPTA 所經營的交通運輸服務，地鐵和區域鐵路是最普遍的公共運輸工具，地鐵的主要範圍在費城市區（請

費城郊區的 SEPTA 區域鐵路車站：Wynnewood 車站

市區內重要的 SEPTA 車站：傑佛遜車站

參考 SEPTA 官網資訊），可搭乘地下鐵到任何地方，而且全天候 24 小時營運，十分便利，每次搭乘費用 2.5 美元。另外，

若想要到費城郊區體驗，則可選擇區域鐵路到郊區走走，區域鐵路依據距離而有不同費用，平均每次搭乘費用約 5 美元。

市區共享單車

費城的共享單車名為 Indego 有兩個主要涵義，一是費城為美國獨立建國的誕生地（The Birth of Independence）；二是共享單車的主要贊助商為獨立藍十字（Independence Blue Cross）醫療保險。費城市區 Indego 租借站很多，借還車都很方便，且市區主要的觀光景點、公共建築、河岸親水空間等，都已規劃便利的自行車道，讓居民與遊客可以在市區享受友善的單車環境，因而騎乘 Indego 遊費城也成為一種新選項。不過，費城 Indego 的租金並不便宜，每半小時租金是 4 美元，若使用次數多，則可以考慮加入會員，一個月期限內支付 15 美元，即可享有無限次的 1 小時內免費租借。

在費城美術館前騎乘共享單車

最方便的費城共享單車，以太陽能發電的租借站

騎乘單車，搭配公車（稱為 Bike & Ride），暢行費城

搭公車遊費城

費城公車十分便利，路線密布整個市區，也有不少路線從市區駛上高速公路，往返市區與郊區之間，亦可以選擇搭公車遊郊區。若在公車上投幣付款較貴，每次搭乘費用為 2.5 美元，但是可在費城地鐵站購買儲值通勤卡（SEPTA Key Card），則每次搭乘只要扣 2 美元。在費城，公車是屬於中低收入族群的主要交通工具，我常搭乘費城公車通學，十分方便，可以藉由坐公車欣賞車外風景，觀察車內乘客互動，體驗中低收入族群的生活點滴。費城的所有公車中，推薦搭乘 4 條路線體驗獨特的費城，分別是 21 號、LUCY、125 號、44 號，這 4 線公車都可以在費城車站的公車站搭乘。

21 號公車
橫貫市中心

費城 21 號公車路線很單純，往返在費城兩條主要的東西向單行道（Chestnut Street 和 Walnut Street），搭乘 21 號公車即可到達市中心（Center City）與大學城（University City）的所有景點，很容易搭乘，也不會迷路。

LUCY 公車
大學城路網

費城 LUCY 公車，事實上是大學城路網（Loop Through University City）的簡稱，取名為 LUCY 增加公車的特色，LUCY 公車有綠色和金色兩條路線，都可以暢遊費城西邊的大學城，十分便利且經濟實惠。

125 號公車
購物中心 | 國家歷史公園

費城 125 號公車除通往市區各主要景點，也會駛上高速公路，可以到達賓州郊區著名的 KOP（King of Prussia）購物中心，是目前全美規模第二大的購物中心，

為搭公車血拼（Shopping）的首選之地。此外，經過 KOP 購物中心之後，會往西北邊直到弗吉峽谷國家歷史公園，這個國家公園十分壯觀，是美國獨立戰爭時華盛頓將軍的營地，值得一遊的重要景點。

44 號公車
郊區小鎮

　　費城 44 號公車往返費城市區主要景點，也會駛上高速公路，往賓州郊區著名的小鎮納伯斯（Narberth）和阿德莫爾（Ardmore），這兩個小鎮別具風味，頗有特色，屬於賓州中上流社會的住宅區，可以去郊區走走，嚐嚐當地點心，再搭回費城市區。

費城 44 號公車在郊區的站牌

費城 44 號公車與西北郊區納伯斯小鎮街景

費城西北郊區布林莫爾（Bryn Mawr）小鎮街景

 # 觀光巴士

費城的觀光巴士主要有 Philadelphia Sightseeing Tours 和 Big Bus Philadelphia，露天的雙層巴士繞遍費城的二十多個主要景點，搭乘費用約 30 美元，有時售票人員還會提供特別折扣，在市區看到觀光巴士可以隨時上下車（Hop-on / Hop-off），輕鬆巡遊費城，也是一種不錯的選擇。

隨上隨下的費城觀光巴士之旅，遊遍全城主要景點

Philadelphia Sightseeing Tours
🖥 www.philadelphiasightseeingtours.com/
☎ （215）922-2300

Big Bus Philadelphia
🖥 www.phillytour.com/
☎ （215）389-8687

國家圖書館出版品預行編目資料

費城饗宴：美國最古老的都市巡禮 / 蘇玉守文.攝
影. -- 初版. -- 臺北市：華成圖書，2018.05
面；　公分. --（自主行系列；B6201）

ISBN 978-986-192-323-9（平裝）

1. 旅遊 2. 美國費城

752.71819　　　　　　　　　　　　107004088

自主行系列　　B6201

費城饗宴 美國最古老的都市巡禮

作　　者／蘇玉守

出版發行／華杏出版機構
　　　　　華成圖書出版股份有限公司
　　　　　www.far-reaching.com.tw
　　　　　11493台北市內湖區洲子街72號5樓（愛丁堡科技中心）
　　　　　戶　　　名　華成圖書出版股份有限公司
　　　　　郵政劃撥　　19590886
　　　　　e-mail　　　huacheng@email.farseeing.com.tw
　　　　　電　　話　　02-27975050
　　　　　傳　　真　　02-87972007
　　　　　華杏網址　　www.farseeing.com.tw
　　　　　e-mail　　　adm@email.farseeing.com.tw
　　　　　華成創辦人　郭麗群
　　　　　發行人　　　蕭聿雯
　　　　　總經理　　　蕭紹宏

　　　　　主　　編　　王國華
　　　　　責任編輯　　蔡明娟
　　　　　美術設計　　陳秋霞
　　　　　印務主任　　何麗英
　　　　　法律顧問　　蕭雄淋‧陳淑貞

定　　價／以封底定價為準
出版印刷／2018年6月初版1刷

總經銷／知己圖書股份有限公司
　　　　台中市工業區30路1號　　　電話　04-23595819　　　傳真　04-23597123

讀者線上回函
您的寶貴意見
華成好書養分